Teoria Geral do Processo

UMA CRÍTICA À TEORIA UNITÁRIA DO PROCESSO ATRAVÉS DA ABORDAGEM DA QUESTÃO DA SUMARIZAÇÃO E DO TEMPO NO/DO PROCESSO PENAL

E16t Ebling, Cláudia Marlise da Silva Alberton
        Teoria geral do processo: uma crítica à teoria unitária do processo através da abordagem da questão da sumarização e do tempo no/do Processo Penal / Cláudia Marlise da Silva Alberton Ebling. — Porto Alegre: Livraria do Advogado Editora, 2004.
        181p.; 16x23cm.
        ISBN 85-7348-301-6

        1. Processo Penal. 2. Direito Processual. 3. Procedimento. I. Título.

                                    CDU 343.1

        Índices para o catálogo sistemático:
        Processo Penal
        Direito Processual
        Procedimento

(Bibliotecária responsável: Marta Roberto, CRB-10/652)

Cláudia Marlise da Silva Alberton Ebling

Teoria Geral do Processo
UMA CRÍTICA À TEORIA UNITÁRIA DO PROCESSO ATRAVÉS DA ABORDAGEM DA QUESTÃO DA SUMARIZAÇÃO E DO TEMPO NO/DO PROCESSO PENAL

Porto Alegre 2004

© Cláudia Marlise da Silva Alberton Ebling, 2004

Capa, projeto gráfico e diagramação de
Livraria do Advogado Editora

Revisão de
Rosane Marques Borba

Direitos desta edição reservados por
Livraria do Advogado Editora Ltda.
Rua Riachuelo, 1338
90010-273 Porto Alegre RS
Fone/fax: 0800-51-7522
livraria@doadvogado.com.br
www.doadvogado.com.br

Impresso no Brasil / Printed in Brazil

Àqueles que sempre estiveram ao meu lado: Joãozinho, Xandi e meus pais, com amor.

"Que é, pois, o tempo? Quem poderá explicá-lo clara e brevemente? Quem o poderá apreender, mesmo só com o pensamento, para depois nos traduzir por palavras o seu conceito? E que assunto mais familiar e mais batido nas nossas conversas do que o tempo? Quando dele falamos, compreendemos o que dizemos. Compreendemos também o que nos dizem quando dele nos falam. O que é, por conseguinte, o tempo? Se ninguém mo perguntar, eu sei; se o quiser explicar, a quem me fizer a pergunta, já não sei."

(Santo Agostinho, *Confissões*)

Sumário

Apresentação	11
Introdução	14

Parte I
A questão da Teoria Geral do Processo – suas razões e inadequações ... 19
1. A unificação do processo como resultado de uma época 21
   1.1. Antecedentes históricos – autonomia do processo em relação ao direito material 21
   1.2. A jurisdição enquanto poder do Estado 27
   1.3. Teoria unitária e dualista do processo 33
2. A dualidade dos processos 39
   2.1. Similitudes e conflitos nos dois institutos 40
   2.2. Os pontos convergentes das duas teorias: os princípios e garantias do processo 43
3. Da impossibilidade de uma unificação 51
   3.1. Aspectos incompatíveis das jurisdições civil e penal 52
   3.2. A problemática do conflito de lide e a impossibilidade de seu uso na esfera penal 57
   3.3. A finalidade do processo civil e o objeto do processo penal (o ilícito punível) 60

Parte II
Processo e procedimento 63
4. Processo enquanto técnica 65
   4.1. Classificação das ações cíveis 65
   4.2. Classificação das ações penais 68
   4.3. Antecipação de tutela e cautelares no processo 70
5. A tutela de urgência no processo e sua diferenciação nas searas civil e penal 75
   5.1. A questão do *fumus boni iuris* e do *periculum in mora* e sua adequação ao processo penal 79
   5.2. As medidas acautelatórias 81
   5.3. As medidas instrutórias de urgência 87

6. A tutela de evidência no processo penal 91
   6.1. Distinção entre tutela de evidência, tutela de segurança e as antecipações de tutela 92
   6.2. O *habeas corpus* e o mandado de segurança 94
   6.3. O *habeas corpus* preventivo como tutela inibitória 99

Parte III
A sumarização do/no processo penal 101
   7. A cognição enquanto técnica e a sumarização do processo penal 103
      7.1. Procedimento administrativo pré-processual e procedimento judicial pré-processual 103
      7.2. O tempo pré-processual e suas conseqüências no processo 106
      7.3. O tempo no processo penal e a função garantista 116
   8. Limites constitucionais à sumarização no processo penal 123
      8.1. As garantias no processo penal 123
      8.2. A Constituição como limite à abreviação dos procedimentos 133
      8.3. Aceleração dos procedimentos e as novas técnicas legislativas – aspectos políticos da reforma no Código de Processo Penal 140
   9. Sumarização e processo penal garantista 149
      9.1. Celeridade processual *versus* direito à defesa e ao julgamento da causa . 151
      9.2. A deformação do processo penal pela informalização dos procedimentos – o exemplo dos Juizados Especiais 157
      9.3. Análise da sumarização à luz do garantismo 162

Considerações finais 171

Referências bibliográficas 177

Apresentação

A apresentação de uma obra é um ato de entrega e como tal um momento de alegria e de responsabilidade. O entusiasmo não pode inibir o dever de apontar a perspectiva do tema desenvolvido, revelar sem frustrar o leitor do prazer da descoberta.

Para mim, a incumbência tem um sabor especial, pois é um privilégio profissional e afetivo. Como professora de Teoria Geral do Processo, é motivo de orgulho poder apresentar o trabalho de uma colega, e o orgulho se transforma em encanto quando se traz a público o trabalho de uma jovem filha.

Não é possível deixar de lembrar os momentos em que a pequena Cláudia se escondia na biblioteca para passar as manhãs a folhear os livros de Medicina Legal ou os momentos em que Cláudia tomava à frente em reivindicações estudantis.

Passaram-se os anos, porém, defensora ferrenha da justiça e da liberdade, a Professora Cláudia não teme em se opor ao já visto, de se lançar à crítica. Com a perseverança de quem sabe que para abrir caminhos é preciso ter coragem, e com o dinamismo de quem confia naquilo que afirma, Cláudia apresenta o resultado das reflexões elaboradas na dissertação de Mestrado junto à Universidade do Vale do Rio dos Sinos.

Com uma crítica à proposta de unicidade da Teoria Geral do Processo, a Autora toma o garantismo propugnado por Luigi Ferrajoli como modelo de Direito para demonstrar a inviabilidade de tratar o caso penal com as mesmas bases da lide civil e a inadequação do uso da técnica de sumarização na esfera penal por afrontar garantias processuais constitucionais.

É certo que estamos na época de superação de grandes teorias. É perigosa a busca da generalidade porque isso fragiliza a especificidade de cada área processual e mantém a ordem jurídica afastada da realidade da vida, afastada da humanidade a quem a ordem deve servir. Para usar a expressão habermasiana, impõe-se reconhecer a racionalização comunicativa do sistema com o mundo da vida.

Por outro lado, não é possível civilizar o processo penal ou manter o duplo sancionamento como ocorre, por exemplo, no caso do art. 171, inciso VI, do Código Penal, em que a repercussão do ato praticado pelo sujeito atinge mais a esfera privada do que a fé pública da sociedade. Vejamos que a Súmula 554 do Supremo Tribunal Federal ao dispor que o pagamento de cheque emitido sem provisão de fundos após o recebimento da denúncia não obsta o prosseguimento da ação penal. Logo, proposta uma demanda civil e instaurado um processo penal, o que ocorre é um duplo apenamento pelo mesmo fato. Isso porque, pelo sistema normativo brasileiro vigente, o pagamento do cheque sem fundos após o oferecimento da denúncia não extingue a punibilidade. Tal circunstância pode apenas ser reconhecido como atenuante genérica (art. 65, inc. III alínea "b", do Código Penal) ou ser causa de redução da pena (art. 16 do Código Penal).

Atente-se que se for proposta a suspensão do processo com base no art. 89 da Lei 9099/95 por ser de um ano de reclusão a pena mínima cominada ao estelionato pela emissão de cheque sem provisão de fundos, é de se questionar a repercussão da medida visto que uma das condições da suspensão do processo é a reparação do dano (art. 89, § 1º, inciso I, da Lei 9099). Não se estaria dando um trato civil a um caso penal? Além disso, se proposta a demanda civil, haveria justa causa para o recebimento de denúncia na medida em que o legitimado para agir não é o lesado, mas, sim, o Ministério Público?

Na relação cognição e tempo, sumarização, cautelaridade, tutela de urgência e tantos outros aspectos, o atuar penal e não–penal se afastam indicando que na efetividade do processo uma teoria geral encontra seus percalços.

Problematizar a proposta de uma teoria geral do processo é o pano de fundo de *Teoria Geral do Processo* – Uma crítica à teoria unitária do processo através da abordagem da questão da sumarização e do tempo no/do processo penal". A obra não fecha a oportunidade do debate, mas o propicia. Justifica-se, nesse aspecto, a leitura da obra para acadêmicos e estudiosos do processo. Ela permite uma análise dos princípios e institutos basilares da processualística, oportuniza a configuração das peculiaridades do processo penal e não–penal, apontando as incongruências do sistema.

Na perspectiva constitucional, alicerça-se no garantismo um processo penal de liberdade e na ótica do tempo se buscas as nuanças no tratamento do conflito.

Não basta querer; importante é fazer. Você fez, Cláudia. Siga com a coragem de quem acredita e não permita que nada ou ninguém lhe arrebate dos olhos o brilho da esperança e do seu coração o amor pelo justo e por tudo que possa favorecer a dignidade humana.

Janeiro de 2004.

Genacéia da Silva Alberton
Doutora em Direito pela UNISINOS
Professora de Teoria Geral do Processo
Desembargadora do Tribunal de Justiça do RS

Introdução

Vivemos sob a égide da imediatização da comunicação e da aceleração das relações. As relações sociais estão à mercê da velocidade (aceleração temporal), que, ao mesmo tempo em que soluciona, também gera uma complexidade de conflitos.

A quebra de paradigmas forçosamente nos coloca diante de um dilema: é possível ainda se falar em "uma" teoria geral do processo, isso principalmente sob o ponto de vista do processo penal? Indícios pretensiosos de uma resposta a essa pergunta é o objeto do presente trabalho.

Não temos aqui a intenção de analisar as propostas de reforma do Código de Processo Penal, que claramente evidencia a transposição de institutos do processo civil para o processo penal, ferindo gravemente os pressupostos garantistas, mas sim da inviabilidade de uma sumarização no/do processo penal, à vista da impossibilidade de uma Teoria Geral do Processo.

Analisamos esta inviabilidade de tratar o direito processual como uno, tanto lógica quanto sistemática, através de uma pesquisa sobre a construção de uma matriz ideológica única dos institutos processuais, tendo em vista a diferença de fundamento e das próprias raízes do direito processual penal.

Embora não tenhamos como único motivo para a sumarização no/do processo penal a idéia de uma teoria geral do processo, pois as mudanças de cenário nas áreas política, econômica e social têm em seu fundamento a urgência no amparo às demandas sociais, aproveitamos o presente estudo para fazer uma expressa oposição à (im)posição doutrinária de uma teoria geral do processo, justamente mostrando uma de suas facetas mais perigosas, que seria a uniformização de conceitos e institutos.

Entendemos que no momento em que o Estado proibiu a autotutela, punindo como crime fazer justiça pelas próprias mãos, assumiu o compromisso de solucionar, de forma adequada, efetiva e em tempo hábil, os litígios ou lides que ocorrem no seio da sociedade. O processo, mediante o qual atua a sua função jurisdicional, deve ensejar resultado semelhante ao que se verificaria se a ação privada não estivesse proibida.

O questionamento trazido à baila neste livro é, de todo, ao menos intrigante: à vista da tensão entre celeridade e processo penal garantista, é possível considerarmos correta a sumarização no processo penal? Mais além: Levando-se em conta a necessidade de ampla cognição no processo penal, a sumarização processual pode ser encarada como avanço ou retrocesso?

Deparamo-nos, assim, com outros subproblemas. Num plano de macrovisão, deparamo-nos com um número cada vez maior de demandas e uma hiperinflação de leis para novos, ou não tão novos assim, direitos. E do processo, entendido, num plano geral, como instrumento de realização do direito material ou instrumento de composição de litígios, como preferem os processualistas civis, cobra-se efetividade com a mesma velocidade dos conflitos.

Mais uma vez temos a tensão entre celeridade da prestação jurisdicional e a quantidade da matéria de cognição, o que terá diferentes repercussões no processo civil e penal. Nesta problemática, surge ainda a discussão sobre a simetria entre as diferentes searas processuais.

É a partir destas idéias que o trabalho se desenvolve.

Para a doutrina majoritária, o direito processual é uno. Processo civil e processo penal são "ramos de um mesmo tronco", qual seja, o processo, como forma de atuação limitada do Estado para a solução de conflitos. A distinção não ocorreria, portanto, por serem tais institutos frutos de raízes distintas, mas pelo fato de, em determinado momento, se dividirem.

A negação desta fórmula está em decorrência da adoção da seguinte *hipótese* central do trabalho: a mistura conceitos é especialmente perigosa ao processo penal, pois, como já apontado, a necessidade de uma resposta imediata atropela os ritos, e o processo acaba se tornando uma forma de imediatizar essa reação do Estado à ação do homem, uma resposta rápida aos seus anseios: anseio de ver realizado o direito entendido como devido ou a punição a uma ação identificada como criminosa. Enfim, o que garanta, desde logo, uma resposta, inclusive, com a antecipação dos efeitos da "tutela" pretendida.

Em uma análise restrita do processo civil, reconhecemos, com bons olhos, a possibilidade de aceleração dos provimentos jurisdicionais, inclusive previamente à instauração do próprio contraditório, como ocorre nas liminares concedidas antes mesmo da citação do réu, uma vez preenchidos os requisitos esculpidos no art. 273 do Código de Processo Civil, e verificada a verossimilhança das alegações.

Se a redução de tempo, a velocidade, atinge os planos das relações contemporâneas, por óbvio o processo penal também é atingido por idêntica demanda de aceleração. Vemos isso claramente no papel cada vez mais destacado das prisões cautelares no processo penal, as quais, longe de assegurarem a preservação social ou uma tutela da futura instrução penal (instrumento do instrumento), servem fundamentalmente como antecipação sancionatória.

Exsurge desta ânsia social uma verdadeira aporia: *instrução* e *cognição*, pilares do processo penal garantista, os quais não se harmonizam com velocidade.

O presente trabalho *justifica-se* na perspectiva do processo penal garantista em que se verifica que somente é possível fixar a função do processo como garantia a partir do momento em que forem estabelecidos critérios proporcionais e adequados de resolução do caso penal, através de mecanismos cognitivos e não potestativos.

Tendo em vista as alterações legislativas no processo civil e penal nos últimos tempos, valorizando-se a idéia de sumarização, tanto no aspecto da cognição, em relação ao processo civil, quanto no aspecto da temporalidade, caracterizado no processo penal com institutos como o da transação penal, resolvemos abordar o assunto no presente trabalho com enfoque direcionado ao processo penal, tendo por *objetivos* realizar uma reflexão crítica sobre a idéia de uma teoria geral do processo, mais especificamente sobre o crescente processo de aceleração de procedimentos no processo penal e, especialmente, estudar a importância dos princípios e garantias no sistema processual, que, ao mesmo tempo em que abrange o processo como um todo, tem diferentes concepções no processo civil e no processo penal.

Em tempo de velocidade das/nas informações, das/nas relações e, conseqüentemente, do/no processo, o dilema do tempo x cognição processual é tema envolvente. Não podemos nos deixar cegar pelo brilho da celeridade processual, através da qual se busca avidamente a efetividade do provimento jurisdicional. Se a certeza e a segurança jurídica no processo civil podem ser flexibilizadas pela verossimilhança das cautelares e antecipações de tutela, no processo penal questionamos se devemos assumir o risco da possibilidade. Certo é que, como no dizer de Carnelutti,[1] a justiça penal, se for segura, dificilmente será rápida, e, em sendo rápida, corremos o risco em dobro da sua efetiva justiça.

---

[1] CARNELUTTI, Francesco. *Como se faz um processo,* 2001, p. 18, Apud CARVALHO, Salo de. "As reformas parciais no processo penal brasileiro: crítica aos projetos de informatização dos procedimentos e privatização dos conflitos". *Anuário do programa de pós-graduação em direito, mestrado e doutorado* - UNISINOS, 2001, p. 328.

Parte I

A questão da Teoria Geral do Processo - suas razões e inadequações

1. A unificação do processo como resultado de uma época

Para se dar início ao estudo crítico acerca do evidente processo de sumarização existente no processo penal, imperioso é que seja feita uma análise primeira sobre a tendência moderna, com base nítida nos postulados de Carnelutti, sobre a possibilidade de uma unificação no estudo do processo, que levaria à formulação de uma teoria geral do processo.

A importância de identificar esta corrente está justamente na problemática que enfrentaremos no discorrer sobre a unificação do processo, no momento em que repensamos os institutos da seara civil, amplamente utilizados, mesmo que de forma velada, tanto no processo administrativo quanto no processo penal, e sua evidente incompatibilidade à vista de um processo penal garantista.

1.1. Antecedentes históricos – autonomia do processo em relação ao direito material

Embora muito se insista que a raiz do direito processual está ligada à idéia de negócio jurídico, é interessante que se faça, em um primeiro momento, uma reflexão sobre as origens da proteção do Estado aos direitos individuais, para que possamos ver com mais clareza esse elo entre o direito material e o direito processual.

Da idéia da criação do Estado, passamos por Aristóteles, Cícero e John Locke, até a sistematização classicamente reverenciada em Montesquieu; porém para fazer tal esclarecimento, optamos pelo ensinamento filosófico de John Locke, que, de forma bastante clara, nos coloca o que entendemos que seja o verdadeiro motivo para o nascimento do governo civil.

Locke, no clássico "Segundo Tratado", inicia seu discurso defensor das liberdades individuais pelo seu entendimento sobre o estado de natureza do homem. Segundo o contratualista, tal estado corresponde a um estado de perfeita liberdade, no qual compete a cada um regular suas ações e dispor de suas posses e pessoas do modo como julgarem acertado, dentro dos limites da lei da natureza, sem pedir licença ou depender da vontade de qualquer outro homem.[2]

Vemos, então, que tal estado não seria apenas um estado de liberdade, senão também um estado de igualdade, sendo recíproco todo o poder e jurisdição, não tendo ninguém mais que outro qualquer. Entretanto, muito embora estando o homem neste estado de liberdade, há um limite bastante claro imposto pelo filósofo neste estado de natureza, onde não seria tolerado o abuso, pois muito embora o homem tenha liberdade para dispor de sua pessoa ou de suas posses, a ele não é dada a liberdade para destruir a si próprio ou a qualquer coisa em sua posse. Muito menos é conferida ao homem a possibilidade de destruir a outrem ou às posses de outrem, tudo isso baseado em uma lei da natureza, onde todos os homens são iguais, e filhos de um mesmo Criador.

Nessa idéia, defende Locke que o homem está *obrigado a preservar-se*, e, quando sua própria preservação não estiver em jogo, cada um deve *preservar o resto da humanidade* no tanto quanto puder.[3]

Prega, pois, que um homem *obtém poder sobre outro* no estado de natureza, no momento em que retribui (conforme ditam a razão calma e a consciência) proporcionalmente a transgressão (castigo), uma vez que transgredindo essa lei da natureza, o homem nega essa mesma regra de conduta, agindo portanto de forma irracional, tornando-se "perigoso para a humanidade".

---

[2] LOCKE, John. *Dois tratados sobre o Governo*. Tradução de Julio Fischer. São Paulo, Martins Fontes, 1998, p. 381-2.

[3] Ainda, acrescenta Locke: "E para que todos os homens sejam impedidos de invadir direitos alheios e de prejudicar uns aos outros, e para que seja observada a lei da natureza, que quer a paz e a conservação de toda a humanidade, a responsabilidade pela execução da lei da natureza é, nesse estado, depositada nas mãos de cada homem, pelo que cada um tem o direito de punir os transgressores da dita lei em tal grau que impeça sua violação.
[...] E se qualquer um no estado de natureza pode punir a outrem, por qualquer mal que tenha cometido, todos o podem fazer, pois, nesse estado de perfeita igualdade, no qual naturalmente não existe superioridade ou jurisdição de um sobre outro, aquilo que qualquer um pode fazer em prossecução da lei todos devem necessariamente ter o direito de fazer."

Aquele que transgride as leis da natureza declara seu rompimento com os princípios da natureza humana e ser uma criatura nociva. Contra a injúria feita por uma pessoa ou outra, aquele que sofreu qualquer prejuízo tem, além do direito de punição comum a todos os demais homens, um direito particular de buscar uma *reparação* junto àquele que a causou. Também qualquer outra pessoa que considere isso justo pode assisti-lo a recobrar do transgressor tudo quanto possa compensá-lo pelo dano sofrido.

Frente às inconveniências do estado de natureza, prega Locke que o remédio adequado para tanto é o governo civil. Da mesma forma, prega que "não é qualquer pacto que põe fim ao estado de natureza entre os homens, mas apenas o acordo mútuo e conjunto de constituir uma comunidade e formar um corpo político; os homens podem celebrar entre si outros pactos e promessas e, mesmo assim, continuar no estado de natureza".[4]

Assim, vemos que a necessidade de um controle do Estado das ações de seus subordinados está vinculado à idéia de delito, porém contra uma "propriedade", sendo este direito o primeiro de todos. A idéia de guerra é que permeia a instituição de direitos, e a busca da paz acaba por ser o escopo do próprio Estado.

A passagem do estado de natureza para o estado civil, como bem assinala Salo de Carvalho, "representaria a transferência consensual do poder privado ao poder público, designando a saída da barbárie e a opção pela civilidade".[5]

Estabelecida a lei, o homem, pelo consentimento, a reconhece, não somente como necessária, mas como adequada, uma vez que não caberia a nenhum dos seus iguais o julgamento de seus atos, mas sim a um órgão superior, ao qual era conferido os atributos da imparcialidade, da racionalidade e da efetividade na resolução do conflito. Neste momento, o homem, literalmente, abre mão de sua liberdade, e passa a gozar de uma liberdade que lhe é conferida, pelo mesmo órgão que lhe pode tolher-la.

Não sendo a intenção desta primeira abordagem travar uma discussão sobre o contrato social, cumpre ainda destacar uma diferenciação entre o pensamento de Locke e Hobbes. Com a idéia de ser o

---

[4] LOCKE, John. Op. Cit., p. 393.
[5] CARVALHO, Salo de. *Pena e Garantias*: uma leitura do garantismo de Luigi Ferrajoli no Brasil. Rio de Janeiro, Lúmen Júris, 2001, p. 43.

homem "lobo do próprio homem", temos que Hobbes muito bem concorda com a idéia inicial que no estado de natureza todos os homens são iguais, porém não no aspecto de direito à felicidade, como proporciona Locke, mas pelo fato de serem iguais em sua capacidade de causar um ao outro a morte.

Também no que tange à possibilidade de se "possuir" algo, o que Locke nos demonstra como positivo, ou seja, o direito de todos à propriedade, Hobbes já entende que a propriedade está diretamente ligada ao fato de que, em algum momento, os bens serão escassos, podendo ocorrer de mais de um homem desejar possuir a mesma coisa, nascendo disto um estado de permanente desconfiança, que, como bem acrescenta Norberto Bobbio, "leva cada um a se preparar mais para a guerra – e quando necessário, a fazê-la – do que para a busca da paz".[6]

Entendendo como intolerável, a longo prazo, o estado de natureza, Hobbes sugere uma série de regras, que seriam advindas da reta razão, que têm por escopo a coexistência pacífica, sendo todas elas subordinadas a uma primeira regra, chamada de "fundamental" por Hobbes: buscar a paz.

Ora, mas se é o próprio cientista que diz que o homem busca a guerra, a meta de se buscar a paz só seria possível através da criação de um pacto, em que todos os homens concordassem em sair do estado de natureza (acordo de muitos), devendo cada qual viver seguindo os ditames da razão, não sendo ela bastante, sendo necessário à criação do Estado e das leis civis. Sendo esse acordo um ato de vontade, o Estado não seria um fato natural, mas um produto da vontade humana, o "homem artificial".

Conforme a leitura de Bobbio, vemos que a função que Hobbes atribui ao pacto de união é a de fazer passar a humanidade do estado de guerra para o estado de paz, instituindo o poder soberano. Tal pacto é concebido de forma a caracterizar a soberania dele derivada sob três pontos fundamentais: a irrevogabilidade, o caráter absoluto e a indivisibilidade.

O contrato feito com o soberano é de forma irrescindível: uma vez estabelecido o pacto de união, não basta à unanimidade de votos (consenso dos consociados), mas também o consenso do próprio soberano. Essa transferência dos direitos a uma única pessoa revela o que

---

[6] BOBBIO, Norberto. *Thomas Hobbes*. Rio de Janeiro, Editora Campus, 1991, p. 34.

Hobbes efetivamente entende como o pacto de união, ou seja, que este seria um pacto entre os súditos, não podendo, portanto, haver a idéia de contrato entre o soberano (cujo poder é absoluto) e os súditos.[7]

Partindo dessas idéias iniciais sobre o surgimento do governo civil como uma necessidade, ou um "mal necessário", visando, primeiramenteà proteção da dignidade e das propriedades do homem, bem como à ordem e à paz social, simples então se torna encarar o surgimento das leis com base no "contrato" (*pactum societatis*). Entretanto, o momento e a forma como aplicar a lei são conseqüências destas, devendo, necessariamente, ser tratadas distintamente.

Carnelutti, em suas *Lecciones sobre el proceso penal*, merece destaque pela clareza ao desenvolver a temática:

> "Lo que necesita para asegurar la paz es, no tanto impedir la resolución de los conflictos de intereses, sin la cual, por el contrario, no podría vivir la sociedad (entre quien tiene alimento en exceso y quien no tiene lo suficiente, que el conflicto se resuelva es una exigencia lógica, antes que práctica, de la reunión de los hombres en el grupo social), cuanto que para resolverlo uno de los coasociados invada el dominio de outro, esto es, le haga la guerra. Quien observa bien, intuiyue que si la resolución de los conflictos de intereses es útil pero la guerra es nociva para la sociedad, la via para asegurar la paz debe desarrollarse en dos direcciones: de um lado *prohibiendo* que los conflictos se resuelvan mediante la guerra; del outro *permitiendo* que con un medio diverso de la guerra se obtenga su resolución. A esta doble directiva corresponde esquematicamente la distinción entre el derecho *penal* y el derecho *civil*, en la cual distinción el adjetivo *civil* viene asumido en el amplio significado negativo de *penal* y así como equivalente de *no penal* o *contrario a penal*. Observe desde ahora el alumno la estrecha correlación o, bien puede decirse, la *correlatividad entre derecho civil y derecho penal*, el uno de los cuales no puede existir sin el outro; no se podría prohibir el *hurto* si no se permitiese la *venta* (no se puede impedir a quien no tiene alimento suficiente el robarlo a quien lo tiene em exceso, si no se consiente a este el venderlo y a aquél el comprarlo), ni se podría permitir la venta si no estuviese prohibido el hurto (no tendría sentido que el uno venda y el otro compre el alimento, que respectivamente le sobra o le falta, si a

---
[7] BOBBIO. Norberto. Op. Cit., p. 40-48.

este le estuviese permitido robarlo y aquél se lo debiese dejar robar)".[8]

Assim, vemos que há uma ligação muito forte entre o direito civil e o direito penal, de onde podemos partir para outra ligação existente, qual seja, entre o direito material e o direito processual.

Na medida em que entendemos que o escopo do processo civil, como veremos com mais vagar posteriormente, é a solução de uma "lide", há uma inclinação a entendermos o processo penal, da mesma forma, como solução de um conflito, que existe a partir do momento em que o indivíduo transgride regras impostas pelo Estado, provocando-se, assim, uma ranhura na estrutura social, baseado em preceitos morais e legais.

Entretanto, se entendermos o processo como forma de realização do direito material, aí então temos como esclarecer com mais nitidez a distinção entre direito civil e direito penal e, posteriormente, entre direito material e processual.

Sobre a primeira distinção, lembra Carnelutti[9] que a mesma tem por fundamento a diferenciação entre os dois escopos fundamentais do direito, que, sinteticamente, podem ser traduzidos:

1) em impedir a guerra (tornando impossível a composição dos conflitos de interesses mediante a guerra);

2) fazer possível a composição dos conflitos de interesses empregando um meio diverso da guerra.

---

[8] CARNELUTTI, Francesco. *Lecciones sobre el proceso penal*. Buenos Aires, 1961, p. 73-74. "O necessário para assegurar a paz não é tanto impedir a resolução dos conflitos de interesses, sem a qual, pelo contrário, não poderia viver a sociedade (entre quem tem alimento em excesso e quem não tem o suficiente, que o conflito se resolva é uma exigência lógica, antes que prática, da reunião dos homens no grupo social), quanto que para resolvê-los um dos co-associados invada o domínio de outro, isto é, lhe faça a guerra. Um bom observador intui que se a resolução dos conflitos é útil, porém a guerra é nociva à sociedade, o caminho para assegurar a paz deve desenvolver-se em duas direções: de um lado, 'proibindo' que os conflitos se resolvam mediante a guerra; de outro, 'permitindo' que com um meio diverso da guerra se obtenha sua resolução. A esta dupla diretiva corresponde esquematicamente a distinção entre o direito 'penal' e o direito 'civil', na qual a distinção no adjetivo 'civil' vem assumida no amplo significado negativo de 'penal' e assim como equivalente de 'não penal' ou 'contrário ao penal'. Observe desde agora o aluno a estreita correlação ou, bem se pode dizer, a 'correlatividade entre direito civil e direito penal'; um não pode existir sem o outro; não se poderia proibir o 'furto' se não fosse permitido a 'venda' (não se pode impedir quem não tem alimento suficiente de roubá-lo de quem o tem em excesso, se não é consentido a este a venda e àquele a compra), nem se poderia permitir a venda se não estivesse proibido o furto (não teria sentido que um venda e o outro compre o alimento, que respectivamente lhe cobra ou lhe falta, se a este lhe fosse permitido roubá-lo e àquele fosse devido deixar-se roubar." Tradução da autora.

[9] Idem, p. 57-68.

O direito penal se enquadraria no direito enquanto pende a primeira destas finalidades; direito civil ou não-penal, enquanto tente alcançar a outra.

Buscando proibir a guerra, impossibilitando o homem de compor os conflitos de interesses através dela, o Direito tem o condão de transformá-la em um delito. O Direito, pois, entre outras coisas, nesta intensa busca de paz, não apenas prevê os delitos, mas também as penas a eles aplicadas, cabendo ao "Estado executor" aplicá-las. Enquanto prevê os delitos, deveria chamar-se Direito Criminal (de *crimen*, delito); enquanto aplica as penas, Direito Penal (de *poena*, pena).

Uma vez entendida a distinção postulada entre o direito penal e o direito não-penal, Carnelutti segue apontando a diferenciação entre o direito material e o direito processual, sendo que a principal delas a que se refere à *diferença entre o direito enquanto se faz e o direito depois que se fez*. Geralmente o processo é chamado ao fazer-se o direito, sendo que o mesmo se realiza perante o juiz. Assim, conclui Carnelutti que *o direito processual é o direito que se faz mediante o processo judicial, sendo material toda outra espécie de direito*.

Demonstrada a diferença básica entre o que entendemos por direito material e direito processual, podemos nos adiantar no tema ao defender a idéia da *imprescindibilidade do processo para a perfectibilização de direitos que se buscam em juízo*.

Tendo em vista a impossibilidade da composição privada, na própria sociedade, pela própria sociedade, entendemos então que o direito material e o direito processual são *duas faces de uma mesma moeda*, qual seja o "direito", que, ao ingressar no processo, perde a noção de "direito do autor", ou "direito do Estado" (no caso penal, direito de punir), e assume a posição de "conflito" a ser solucionado. O direito, antes certo, ao virarmos a face da moeda, adentra o processo como duvidoso, com o risco de uma decisão que diga, inclusive, da inexistência daquele.

1.2. A jurisdição enquanto poder do Estado

O surgimento do Estado, tal qual conhecemos modernamente, está diretamente relacionado à necessidade do homem de viver em sociedade. E não somente viver, mas viver de forma pacífica, sendo necessário então uma figura que, além de agregar estes homens, possa regular a relação entre eles, imputando normas e impondo seu respeito a elas, sob pena de sanção, não buscando o simples castigo, mas sim a paz e a justiça social.

Muito embora já assinalada anteriormente por Locke da necessidade de um Estado com funções distintas, para legislar, executar e controlar a efetiva aplicação do regramento, é em Montesquieu que a doutrina da divisão dos poderes se apresenta de forma escorreita, completa e sistemática, bem como formulada em bases científicas, fazendo-o o arauto do Estado liberal que a seguir se implantou.

O entendimento da efetiva função jurisdicional, bem como a dificuldade de se harmonizarem os diversos juristas sobre sua conceituação, está em muito ligado à questão da teoria constitucional moderna que pressupõe, como princípio do Estado democrático, a divisão dos poderes estatais, "independentes e harmônicos entre si".[10]Estando, portanto, a jurisdição atrelada a um poder independente dos demais, é importante entendermos quais suas funções e limites, para que ela não acabe absorvida pelos demais poderes.

Dentre as mais festejadas doutrinas, está a de Chiovenda, para quem a produção do direito é monopólio do próprio Estado, *sendo tarefa dos juízes afirmar e atuar aquela vontade da lei que eles próprios considerem como realmente existente*. Temos duas funções distintas no que compete à soberania estatal: a de legislar - produzir o direito, e a de aplicá-lo, sendo que a primeira seria uma atividade primária ou originária, e a jurisdição seria uma atividade secundária.

Em uma abordagem perfunctória, poderíamos dizer que nesta última, o Estado substitui a vontade das partes, resolvendo os litígios e fazendo valer o direito objetivo. Já em sua atividade primária, a administração tem um ordenamento jurídico como limite à sua atuação, sempre voltada para o bem comum, seu escopo. Em outras palavras, age para satisfação de seus interesses, tendo a lei como parâmetro.

Entretanto, o agir do juiz é diferente do agir do administrador, que age buscando o bem comum, onde a lei é o seu limite. Já para o

---

[10] Interessante aporte histórico faz Ovídio Baptista da Silva, ao falar sobre a jurisdição (*Teoria Geral do Processo Civil*, p. 60 e ss). Diz o autor: "A teoria da separação de poderes, atribuída a Montesquieu na verdade é mais um *mito* do que uma realidade. O célebre filósofo francês não a defendeu, como geralmente se supõe, e nem considerou o *Judiciário* como um *poder*, de vez que, ao referir-se ao poder judicial (*puissance de juger*), num Estado democrático, Montesquieu (*Esprit dês lois*, v. 11, p. 6) afirma ser tal poder *invisível e nulo* (...), pois 'os juízes não são senão... a boca que pronuncia as palavras da lei...'."

juiz, a lei é seu fim, e a finalidade de seu agir é a própria lei. Nisso residiria a distinção entre administração e jurisdição.

Em crítica a tal teoria, destacou-se Galeno Lacerda ao apontar a insuficiência da tese, que deixaria *in albis* também o porquê da natureza jurisdicional das decisões sobre questões de processo, "onde jamais se poderá vislumbrar qualquer traço de *substitutividade* a uma atuação originária, direta e própria das partes".[11]

Com tal crítica concordamos, haja vista a moderna tendência, advinda com a necessidade de soluções expressas para os conflitos sociais, da atividade jurisdicional como atividade criadora.

Assim como Luhmann,[12] ao analisar como se operam as decisões nos tribunais, parte-se de um sistema autopoiético – no qual o direito, como um sistema próprio, a partir da norma codificada, fechada, se abre –, à vista da necessidade de uma decisão, que, se não é capaz de sozinha criar uma jurisprudência, pelo menos dá uma solução ao caso que o solicita, *a atividade criadora do juiz tem a obrigação de ir além da mera aplicação da norma*, devendo, uma vez assumindo as partes o risco das conseqüências da decisão a ser tomada pelo magistrado, buscar, junto aos demais sistemas sociais, a melhor solução ao caso concreto, independentemente da existência de uma lei prévia que discipline neste sentido.

Esta análise se torna decisiva no momento em que vemos a condição do Estado em crise, o nascimento de novas demandas sociais e a inadequação da norma às constantes alterações deste Estado Social. Mais do que criar uma nova norma, eis que em seu próprio sentido ontológico, é uma formulação genérica, não passando de um projeto de regulação da conduta humana, *a função jurisdicional está em amparar o indivíduo contra as arbitrariedades do próprio Estado, que, justamente por omitir-se no aparecimento das novas relações sociais, ao mesmo tempo não dá condições para que se busquem tais fins.*

Temos ainda como crítica à teoria de Chiovenda, assim como a toda doutrina que defende a tese segundo a qual a finalidade da jurisdição seria a aplicação do direito objetivo, ao que entendemos que a aplicação ou a realização do direito objetivo não é nenhuma atividade específica da jurisdição, uma vez que também o cidadão comum, quan-

---
[11] *Comentário ao Código de Processo Civil*, Forense, v. 8, t. 1, p.22.
[12] LUHMANN, Niklas. "A posição dos tribunais no sistema jurídico." Tradução de Peter Naumann. *Revista da Ajuris*, n. 49, Porto Alegre, jul/1990, p. 149-168.

do cumpre o regramento normativo, também está desenvolvendo atividade tendente a realizar o ordenamento jurídico.

Já Allorio sustenta a tese da função jurisdicional tendo por escopo a produção da coisa julgada. Assim, só o efeito declaratório é verdadeira jurisdição. Tal tese também foi defendida por Calamandrei, Liebmann e Couture, tendo por principal objeção o fato de que se considerado ato jurisdicional apenas o processo declarativo, onde seria possível a produção de coisa julgada a jurisdição voluntária, bem como o processo executivo se encontraria fora da jurisdição.

Para Carnelutti, consiste a jurisdição na justa composição da lide, mediante sentença de natureza declarativa, pressupondo sempre a existência de lide (conflito de interesses qualificado pela pretensão de alguém e a resistência de outrem), sendo esta indispensável para a atividade jurisdicional, tendo por escopo sempre a solução de um conflito anterior.

Lembra Luis Eulálio de Bueno Vidigal[13] que o pensamento de Carnelutti sofreu interessante evolução. De um conceito de lide único tanto para o processo civil quanto para o processo penal, Carnelutti reconheceu que

> "quando se trata de aplicação da sanção penal a função do processo (tenha-se presente que Carnelutti chama de função processual aquilo que todos os outros autores chamam função jurisdicional) é diversa da que se destina a compor a lide; consiste na verificação de uma pretensão, isto é, da pretensão penal ou punitiva, verificação a que se deve proceder ainda quando a pretensão não encontre resistência".[14]

Muito embora contestada, nenhuma tese conseguiu transpassar plenamente a tese de Chiovenda sobre jurisdição, senão conformá-la de acordo com os novos rumos do processo.

Assim, podemos ousar um conceito de jurisdição, pelo qual entendemos *a atividade do Estado para a atuação do direito objetivo, mediante a aplicação da norma geral ao caso concreto e mediante a*

---

[13] VIDIGAL, Luis Eulálio de Bueno. "Por que unificar o direito processual?" *Revista de processo*, nº 27, jul./set. 1982, p. 45.

[14] Apesar de tal pensamento ser a pedra de toque para a afirmação de pertencer o processo penal à jurisdição voluntária (proposição instigante essa que nos leva à necessidade de um posterior estudo, que não se mostra adequada no momento), importante que se ressalte apenas a reconfiguração do pensamento de CARNELUTTI que, por fim, acabou por reconhecer abertamente a profunda diversidade entre o processo civil e o processo penal.

realização forçada da norma geral. Sua função é decidir a demanda,[15] e o faz através da figura do juiz, que representa o Estado, que estrutura o sistema judiciário para fazer atuar a jurisdição.

Dessa forma, com o fenômeno da jurisdição, não é mais possível ao homem agir em defesa própria (autodefesa – justiça com as próprias mãos), restando a ele apenas a possibilidade de fazer agir, provocando o exercício da função jurisdicional.

É lição que vemos em Ferrajoli:

"Consiste en el hecho de que el ejercicio del poder judicial, tanto en sus funciones de enjuiciamiento como en las de acusación, incide sobre las libertades del ciudadano como 'individuo'. Y para el individuo el hecho de que tal poder sea ejercido por la mayoría no representa en sí mismo ninguna garantía: 'cuando siento que la mano del poder pesa en mi frente', escribe Tocqueville, 'me importa poco saber quién me oprime y no estoy más dispuesto a poner mi cabeza bajo el yugo porque un millón de brazos me lo presenten'. Si acaso, para (la libertad y la verdad de) quien está sujeto a la justicia penal, y que con frecuencia es un 'desviado' respecto de los modelos de comportamiento dominantes, una legitimación mayoritaria del poder judicial puede incluso representar un peligro, por el riesgo permanente de imprimir al juicio – sobre todo si carece de bases rigurosamente cognoscitivas – una connotación partidaria que contrasta con la imparcialidad exigida a la actividad jurisdicional".[16]

Surge, desta linha, a idéia de processo, que pode ser conceituado como "instrumento por meio do qual os órgãos jurisdicionais atuam para pacificar as pessoas conflitantes, eliminando os conflitos e fazen-

---

[15] De acordo com Calamandrei, não há jurisdição sem ação, que serve para provocá-la.

[16] FERRAJOLI, Luigi. *Derecho y razón*. Teoría del garantismo penal. Tradução espanhola de Perfecto Andrés Ibáñez e outros. Madri, Trotta, 1995. p. 548-549. "Consiste no fato de que o exercício do poder judicial, tanto em suas funções de ajuizamento como nas de acusação, incidem sobre as liberdades do cidadão como 'indivíduo'. E para o indivíduo, o fato de que tal poder seja exercido pela maioria não representa em si mesmo nenhuma garantia: 'quando sinto que a mão do poder pesa em minha testa', escreve Tocqueville, 'pouco me importa saber quem me oprime e não estou mais disposto a pôr minha cabeça abaixo do juízo porque um milhão de braços se me apresentam'. Se acaso, para (a liberdade e a verdade de) quem está sujeito à justiça penal, e com freqüência é um 'desviado' a respeito dos modelos de comportamento dominantes, uma legitimação majoritária do poder judicial pode inclusive representar um perigo, pelo risco permanente de imprimir ao juízo – sobretudo se carece de bases rigorosamente cognoscivas – uma conotação partidária que contrasta com a imparcialidade exigida à atividade jurisidicional." Tradução da autora.

do cumprir o preceito jurídico pertinente a cada caso que lhes é apresentado em busca de solução".[17]

Não apenas como forma de resolução de conflitos, também entendemos o processo como a única forma efetiva de assegurar àqueles que postulam seus direitos em juízo que o julgamento do seu caso se dará respeitando as garantias esculpidas na Constituição, sendo, inclusive, *a aplicação destes princípios a garantia do indivíduo de proteção contra as arbitrariedades do Estado.*

Sobre o tema, relevante o posicionamento de Afrânio da Silva Jardim,[18] ao colocar que o processo tem outra finalidade relevante. Como forma de concretização da atividade jurisdicional, implica, em si mesma, juízo de valor, pois utilizando-se do processo, o estado procura atingir a finalidade de proteger a sociedade da melhor forma possível, "atuando de forma autoritária sem violentar as garantias individuais".

O processo é também fator de garantia dos cidadãos, uma vez que delimita e disciplina as condições e formas de intervenção do Estado na composição das lides.

Também, e por último, parece-nos interessante retomar o conceito de *tutela jurisdicional*. A idéia de um processo civil de resultados aparece em Cândido Rangel Dinamarco, para quem a tutela jurisdicional "não é o mero exercício da jurisdição ou somente a outorga do provimento jurisdicional em cumprimento ao dever estatal que figura como contraposto do poder de ação." Buscam-se resultados, sendo "a utilidade prática que se deseja do processo é a efetiva satisfação de pretensões apoiadas pelo direito".[19]

Seguindo esta análise, temos que o direito moderno não se satisfaz com a garantia da ação como tal e por isso é que procura extrair da formal garantia desta algo de substancial e mais profundo. "O que importa não é oferecer ingresso em juízo, ou mesmo julgamentos de mérito. Indispensável é que, além de reduzir os resíduos de conflitos não-jurisdicionáveis, *possa o sistema processual oferecer aos litigan-*

---

[17] CINTRA, Antônio Carlos de Araújo; GRINOVER, Ada Pellegrini e DINAMARCO, Cândido Rangel. *Teoria Geral do Processo*. 17. ed., São Paulo, Malheiros, 2001, p. 23.

[18] JARDIM, Afrânio da Silva. *Direito processual penal* . 10. ed., Rio de Janeiro, Forense, 2001, p. 63.

[19] DINAMARCO, Cândido Rangel. "Tutela jurisdicional". Doutrina nacional. *Revista de Processo*. nº 81, jan./mar.1996, p. 54.

tes resultados justos e efetivos, capazes de reverter situações injustas desfavoráveis".[20] (Grifo nosso).

A busca desse efetivo resultado é o escopo do processo, sendo desdobramento da idéia da instrumentalidade do processo, servindo este como instrumento do Estado para o exercício de uma função sua, a jurisdição.[21]

1.3. Teoria unitária e dualista do processo

Embora tenhamos dedicado importante parte deste capítulo sobre a teoria geral do processo à grande contribuição de Carnelutti, tanto no processo cível quanto no processo penal (até por ser um dos precursores na idéia de uma teoria geral do processo), por óbvio não podemos nos ater somente aos seus postulados.

Entretanto, sua doutrina é por nós reverenciada, principalmente por ser ele o primeiro entre nós conhecido a delinear um sistema no qual os princípios, como observou Calamandrei, como comprovação dos mesmos, encontram colocação nos diversos institutos do processo, quais sejam, os processos civil, penal e administrativo.

A idéia, que esperamos já tenha restado clarificada até o presente momento, é que, muito embora entendamos que é pacífica a idéia de que essa teoria geral do processo não poderia simplesmente transpor os institutos do direito processual civil para as outras áreas processuais, é de ser ressaltada a necessidade de, mesmo para aqueles que defendem a idéia de uma teoria una, da elaboração de um conceito mais amplo no processo, que não exclua deste suas particularidades.[22]

---

[20] DINAMARCO, Cândido Rangel. Op. cit., p. 55.

[21] Ainda, Dinamarco acrescenta que "Tutela jurisdicional é o amparo que, por obra dos juízes, o Estado ministra a quem tem razão num processo. Tutela é ajuda, proteção. É *jurisdicional* a proteção outorgada mediante o exercício da *jurisdição*, para que o sujeito beneficiado por ela obtenha na realidade da vida e das relações com as coisas ou com outras pessoas, uma situação mais favorável do que aquela em que antes se encontrava. Sabido que o escopo magno do processo civil é a pacificação de pessoas e eliminação de conflitos segundo critérios de justiça, consistindo nisso a função estatal a que tradicionalmente se chama *jurisdição*, segue-se que compete aos órgãos jurisdicionais outorgar essa proteção àquele cuja pretensão seja merecedora dela."

[22] GRISPIGNI acertadamente coloca que "afirmada a necessidade de uma teoria geral do direito processual, deve-se advertir que esta não se elabora transportando-se *sic et simpliciter* os princípios e a construção do direito processual civil para o processo penal, ou vice-versa, mas somente construindo-se uma síntese que, colhendo os caracteres comuns aos institutos das duas

A doutrina majoritária (que a si mesma avoca o adjetivo "carneluttiana"), considera o direito processual fundamentalmente uno. A distinção existente entre o processo civil e processo penal se daria não porque tenham raízes distintas, mas porque são dois grandes ramos em que se bifurca, a uma altura, um tronco único. Propugnam os defensores dessa corrente a construção de uma teoria geral do processo, com disciplina jurídica unificada e aplicável ao âmbito penal e civil (ou não-penal).

Voltemos ao processualista italiano: Carnelutti já chamava o processo penal como a "cenicienta" das irmãs do processo, levando em conta que, no fundo, a verdade é que o ambiente do processo civil dá aos estudiosos uma impressão de superioridade, trazendo consigo a imagem de pessoas sofisticadas, discutindo tranqüilamente sobre as questões, normatizadas de forma cuidadosa e objetiva.

O processo penal, por sua vez, desponta o que há de pior no homem, que é o pensar sobre sua própria violência, traz consigo o inquieto, belicoso, o turbulento. Resume, ainda, em um forte termo: "o reino dos esfarrapados".

Concordamos que grande parte das questões discutidas no âmbito judicial compõe uma lide cível sobre a propriedade sobre algo, sendo que quando um dos dois litigantes não possui, aspira, pelo menos, a possuir. É o processo do *meu* e do *teu*. A aposta do "jogo" é a propriedade. E, sendo o homem um sujeito que, primeiro, pensa em sua individualidade, o seu direito atingido, enquanto a disputa se tratar entre o meu e o teu, nunca haverá um tempo de trégua.

Entretanto, no processo penal, errôneo seria adotar a mesma lógica, buscando-se por aí sua relação com o processo civil. Não é possível, portanto, *substituir* a "propriedade" pela "liberdade", como muitos ainda propugnam, para que possamos utilizar o conceito de lide também no processo penal.

Reportando-nos a Carnelutti, ao refletir sobre o que seria o conceito de liberdade, concordamos com a idéia de que o réu não é um livre a quem a condenação lhe tira a liberdade, senão um certo a quem se restitui ou pelo menos trata de restituí-la. A liberdade, pois, é

---

disciplinas, elabore um conceito de *genus*, enquanto abranja as duas espécies, não exclua as particularidades de cada uma delas". (GRISPIGNI, "Diritto Processuale Penale, I", Roma, 1945, p. 14 *Apud* LEITE, Luciano Marques. "O conceito de 'lide' no processo penal – um tema de teoria geral do processo". *Justitia*, vol. 70, 3º trimestre de 70, p. 181.)

verdadeiramente a aposta do processo penal, porém em sentido diretamente inverso ao preguiçosamente considerado pela opinião comum: ao juiz penal se lhe pedem, como ao juiz civil, algo que nos falta e do qual não podemos prescindir; e é muito mais grave a falta de liberdade do que a falta de propriedade. O juiz penal, como o juiz civil, reconhece ou deveria reconhecer a cada qual o seu; *porém isto é seu ser em lugar de seu haver.*[23] (Grifo nosso)

A profunda distinção encontrada entre os dois processos, civil e penal, revelou-se, afinal: no civil, se discute acerca do haver e no penal, acerca do ser.

Restou esclarecido, da mesma forma, o porquê do interesse dos homens por um e o desinteresse pelo outro; isso porque somos sempre aqueles *qui habent oculos et non vident, habent aures et non audiunt* [que têm olhos e não vêem, têm ouvidos e não escutam].

"Quem de nós chega a apreciar mais o ser do que o haver? O papel do jovem, obediente a todos os mandamentos da lei de Deus, quando o mestre o convidou, para conquistar o ser, a deixar o haver, lhe faltou a força para segui-lo. Dos dois verbos que contém todo o sabor da vida, o que deveria ser o servo, oculto ao coração dos homens é posto de dono; o outro, que deveria ser o dono, é tratado, nele, como servo".[24]

Assumida, enfim, a distinção entre os dois institutos, buscou-se um conceito próprio para o processo penal, imputando-lhe a condição de ser um conjunto de atos, exercidos pelos vários agentes que interagem no processo, desde os agentes policiais no inquérito até os defensores, Ministério Público, assistentes e oficiais, que buscam a comprovação de um delito e a aplicação e a determinação de uma pena.

Ora, muito embora possamos reconhecer tanto no processo penal quanto no processo civil uma similitude quanto à organização judicial, com os mesmos níveis de instâncias e de órgãos de apreciação, como vemos no caso dos tribunais, não podemos olvidar que a diferenciação que defendemos entre a justiça penal e a justiça civil está fulcrada basicamente em dois aspectos:

1) na distinção entre a função (finalidade e resultado);

2) a estrutura (estática e dinâmica) dos institutos.

---

[23] CARNELUTTI, Francesco. *Cuestiones sobre el proceso penal*. Tradução de Santiago Sentis Melendo. Buenos Aires, 1961, p. 18-19.
[24] Idem, p. 18-19. Tradução da autora.

Do que já estudamos nessas poucas linhas, já podemos visualizar o porquê da crítica à idéia de uma teoria geral do processo.

Doutrinadores nacionalmente reconhecidos como Antonio Carlos de Araújo Cintra, Ada Pellegrini Grinover e Cândido Rangel Dinamarco, todos processualistas renomados e dedicados ao estudo do processo, defendem a idéia de uma teoria geral do processo "una", atrelada à unidade da jurisdição. Em sendo uno o Estado, como poder soberano, una seria a jurisdição e, por conseguinte, uno também seria o direito processual.

O direito processual seria, portanto, um sistema de princípios e normas para o exercício da jurisdição, e, partindo o direito processual de um "todo" decorrente dos princípios e garantias constitucionais a ele pertinentes, a "bifurcação" seria "apenas" uma exigência pragmática, à vista do tipo de normas jurídico-substanciais a atuar.

Coerente com tal postura, ressaltam que tal unidade não significa, entretanto, identidade de seus ramos distintos, que se preserva. Assim, dependendo da natureza da pretensão sobre a qual incide, o processo poderá ser civil ou penal. Será penal o processo que apresente em um dos seus pólos contrastantes uma pretensão punitiva do Estado; civil, por seu turno, o que não é penal, envolvendo os meios pelos quais são resolvidos os conflitos não somente regulados pelo direito privado, mas também pelo direito constitucional, administrativo, tributário, trabalhista etc.

Também defendendo a unidade do processo, José Frederico Marques vai além, afirmando que

"o processo, como instrumento compositivo de litígio, é um só, quer se trate de uma lide penal, quer quando focalize uma lide não penal. Instrumento da atividade jurisdicional do Estado, o processo não sofre mutações substanciais quando passa do campo da justiça civil para aquele da justiça penal. Direito Processual Civil e Direito Processual Penal são divisões de um mesmo ramo da Ciência do Direito, que é o Direito Processual. E isto porque o processo, em sua essência, é um só, tanto na jurisdição civil como na jurisdição penal".[25]

De outra banda, temos a teoria dualista (ou pluralista) do processo, à qual nos filiamos, inadmitindo a utilização dos mesmos conceitos e institutos do processo civil no processo penal.

---

[25] MARQUES, José Frederico. *Instituições de direito processual civil*, 2. ed., p. 48-49, v.1.

Aldo Bacre[26] dedica algumas linhas a essa distinção e nos apresenta três correntes negativas da unidade: a tese materialística, a jurisdicionalista e a processualística.

a) *Tese materialística:* o fundamento de diferenciação do processo está no direito material que é aplicado através do processo: "enquanto o processo civil reconhece como pressuposto uma relação jurídica material de direito privado, objeto do processo penal é uma relação jurídica penal que nasce com o delito e se extingue com o cumprimento da sanção.";

b) *Tese jurisdicionalista:* apresenta uma outra distinção: enquanto a jurisdição penal está direcionada ao poder de castigar do Estado, a jurisdição civil realiza os diversos direitos públicos ou privados dos particulares;

c) *Tese processualística:* demonstra da impossibilidade de uma unificação do direito processual pelas diferenças na forma em que se apresentam e desenvolvem os princípios fundamentais do direito processual. Exemplo disso se dá quando vemos que o processo civil se rege pelo princípio dispositivo, ao oposto do processo penal, que segue o princípio inquisitivo; assim como no processo civil, o impulso se dá por iniciativa da parte, o que ocorre de ofício no processo penal.

Por essas três teses podemos claramente enteder e visualizar a distinção existente entre processo civil e penal, cuja defesa continua no capítulo que segue.

---

[26] BACRE, Aldo. *Teoria General del Proceso.* Buenos Aires, Abeledo- Perrot, 1986 , t. I, p. 55-59.

2. A dualidade dos processos

Reservamos um capítulo especial para tratar sobre a dualidade dos processos para que não restem dúvidas sobre nossa fundamentada crítica à teoria geral do processo (teoria unitária). Assim, necessário, primeiramente, verificar os aspectos que se conformam e que destoam em ambos os institutos, ou seja, o que poderíamos adotar como defesa de uma teoria unitária e o que repudiamos contra essa idéia.

Com o advento da Constituição Federal de 1988, tivemos um grande avanço em termos de garantias que, saindo da seara puramente processual, alcançaram campo constitucional, sendo, portanto, imperativas à possível divergência na legislação infraconstitucional. São princípios básicos, a maior parte deles ligados aos direitos fundamentais, como igualdade, contraditório, acesso à justiça e devido processo legal. A sua utilização nos diferentes institutos, entretanto, tem maior ou menor ênfase dependendo dos bens que estão em discussão.

Muito embora cuidemos no processo civil sobre o objeto em litígio (bens disponíveis em sua grande maioria), no processo penal estamos lidando com a liberdade de um indivíduo, bem indisponível, assegurado constitucionalmente (até prova em contrário), com especial proteção do legislador constituinte em relação ao estado de inocência.

Na contramão, não tão evidente quanto possa parecer, temos no processo penal uma verdadeira *imposição* de institutos utilizados na seara civil que são incompatíveis com nossa idéia de processo penal garantista. Conceitos genéricos como ação, jurisdição e cognição não podem e nem devem ser tratados de uma mesma forma, tendo em vista, justamente, os objetos envolvidos no jogo processual.

Visualizar estas hipóteses de comparação e diferenciação dos institutos é que nos propomos a seguir.

2.1. Similitudes e conflitos nos dois institutos

Para que se inicie a construção de uma teoria geral do processo (e posterior crítica), é necessário, primeiramente, observar o que os dois processos têm de comum e de diverso. Para tanto, adotamos os ensinamentos de Ovídio Baptista da Silva e Fábio Gomes,[27] ao elencar as diversas razões defendidas pelos estudiosos que entendem o direito processual como uno.

Da similitude entre os dois institutos, a defesa está embasada:

1) *na origem comum* do procedimento civil e do procedimento penal, tendo sido por muito tempo tratados pelo legislador de uma forma única, simplesmente como direito processual, tendo a separação se iniciado apenas no limiar do século passado, com o advento do Código de Procedimento Civil francês de 1806, seguido do Código de Instrução Criminal de 1808; e, no início deste século, o florescimento do direito processual penal determinou a proclamação da separação entre ambos;

2) *unidade da jurisdição:* em sendo tratada como a maior parte da doutrina, ou seja, como una, ela seria o principal laço que determinaria a unificação do conceito e a elaboração de uma teoria geral;

3) *identidade do conceito de institutos comuns* ao processo civil e penal como ação e processo, a noção de defesa, coisa julgada, preclusão, competência, e as noções advindas das próprias garantias constitucionais asseguradas ao processo (como o princípio do contraditório, do duplo grau de jurisdição e do Juiz natural) seriam motivos suficientes para embasar a necessidade de uma teoria única a ser aplicada a todo o direito processual;

4) *atribuição constitucional* a esta visão unificadora: a Magna Carta não distinguiu os dois ramos quando distribuiu a competência legislativa da União, referindo-se apenas a direito processual (CF, art. 22, I), denunciando, portanto, a visão unitária em matéria legislativa.

O conflito entre os institutos se instaura justamente no momento em que buscamos refutar, assim como os autores já citados, as razões que pregam pela unificação dos institutos, senão vejamos:

1) *sobre a origem única do processo*: uma análise não muito profunda nos leva a enxergar que é da própria evolução da ciência do

---

[27] SILVA, Ovídio Baptista da e GOMES, Fábio. *Teoria Geral do Processo Civil*. São Paulo, Revista dos Tribunais, 2000, p. 37.

direito que dê a devida autonomia aos diferentes ramos, tendo o próprio processo origem do direito civil, como parte integrante deste, não podendo então o argumento de que o processo penal é apenas um ramo do processo civil, senão ainda porque entendemos ser o próprio processo penal não apenas um ramo do direito processual como um todo, mas fruto do próprio direito penal;

2) *quanto à função jurisdicional do Estado como única*: a manifestação desta função se dá de diferentes formas, dependendo da diversidade dos objetos a que se refere. Assim, possível falar em uma jurisdição penal e uma jurisdição não-penal, haja vista a diferença entre os objetos tutelados, não podendo o critério da unicidade da jurisdição (como poder do Estado) ser adotado como determinante para a formação de uma teoria única do processo;

3) *quanto à identidade de conceitos fundamentais comuns tanto ao processo civil quanto ao processo penal*: a objeção lançada por Gómez Orbaneja não só aponta o equívoco que encerra tal formulação, como demonstra induvidosamente que a visão dualista se impõe:

No âmbito do processo civil, os chamados pressupostos processuais estão nitidamente separados das condições de admissibilidade do pedido do autor; já no âmbito penal ocorre muito diferentemente. Para que o processo possa instaurar-se, não basta estejam presentes às condições puramente formais; é necessário que concorra pelo menos a existência concreta de alguns pressupostos de direito substantivo, ou seja, daqueles pressupostos de fato de que o direito penal material faz depender a conseqüência que é a pena. Enquanto para obter uma sentença civil de fundo não é necessário sequer demonstrar a mínima possibilidade ou aparência da ação (de direito material), para que haja sentença penal – absolutória ou de condenação – é indispensável que exista uma base de acusação, determinada à luz do direito substantivo.[28]

Ao lidarmos com objetos distintos (resumidamente, mas não de forma excludente), "propriedade" no direito civil e "liberdade" no direito penal, vemos que no âmbito do processo civil o juízo está regido exclusivamente por critérios jurídicos puros, com abstração quase sempre da qualidade das pessoas, prescindindo de critérios e apreciações discricionários, de eqüidade e ética.

---

[28] ORBANEJA, Gomes, *Apud* BAPTISTA; GOMES, Op. Cit., p. 38.

Já no processo penal, ao contrário, o juiz julgará um homem, membro da sociedade, e por isso inspirar-se-á em critérios ético-sociais. Podemos, inclusive, atrever-nos, neste momento, a ir um pouco mais adiante, destacando a impossibilidade de uma atualizada adequação normativa na seara penal, devendo ser utilizados, para tanto, critérios outros de interpretação normativa, principalmente tendo a Constituição como filtro. Evidente que não procuramos, aqui, simplificar a atuação do direito processual civil, devendo o mesmo estar sempre atrelado aos princípios e garantias constitucionais que regem o processo, mas entendemos ser muito mais simples ao processo civil fazer tal adaptação, tendo em vista que, de forma genérica, não há, aqui, uma discussão a respeito do "ser", mas a respeito do "ter".

Vemos, então, que a origem de todo o conflito está em pretender como válidos unicamente os conceitos que a ciência construiu para o ato jurídico e para o negócio jurídico, no direito privado, não nos detendo na particularidade de que tais conceitos pertencem à teoria geral do direito, devendo dela serem transpostos para os diversos ramos da ciência jurídica, sofrendo, para tanto, as adaptações exigidas pelas peculiaridades de cada qual deles.

Somando-se a isso, no que toca aos princípios do processo, temos algumas diferenças importantes, pelas quais devemos refletir antes de pugnar pela identidade dos conceitos. À idéia de coisa julgada e duplo grau de jurisdição, tecemos algumas considerações.

Em relação ao princípio da coisa julgada, é preciso levar em conta da impossibilidade de aplicar este instituto no processo penal com a mesma rigidez como é tratada no âmbito civil, pois, levando-se em conta as particularidades da revisão criminal, vemos que este instituto é praticamente ilimitado, além de não haver prazo (arts. 621 e 622 CPP), ao contrário da ação rescisória (arts. 485 e 495 do CPC).

Quanto ao princípio do duplo grau de jurisdição, igualmente há uma diferenciação nos dois processos, posto que em sede processual civil não se compreenderia a viabilidade de um novo julgamento apenas em razão da gravidade da conseqüência, para o réu, do resultado do julgamento; já no processo penal, pelo menos pelo Código de Processo Penal vigente, o réu condenado a uma pena igual ou superior a 20 (vinte) anos terá o direito, tão-só em razão disso, a um novo julgamento, pleiteando-o através do protesto por novo júri (art. 607 do CPP).

2.2. Os pontos convergentes das duas teorias: os princípios e garantias do processo

Temos, tanto na teoria unitária quanto na teoria dualista, similitudes e conflitos, que cabe ao estudioso do processo analisar e posicionar-se, sendo somente possível uma real compreensão do fenômeno processual no momento em que estiver clara tal opção.

Para tanto, enfatizamos inicialmente os aspectos convergentes das referidas teorias, com uma breve reflexão a respeito da utilização dos princípios e garantias constitucionais que regem ambos os processos.

No momento em que verificamos como impossível o estudo do processo sem que seja feita uma leitura dos princípios que o regem, não se tratando de novidade o seu estudo, cumpre-nos caracterizá-los de forma suscinta, para uma breve reflexão.

Interessante é salientar, inicialmente, a posição que os princípios ocupam no sistema normativo. Partimos do entendimento de que os *princípios são regras gerais, o alicerce do sistema normativo, que se conformam com o sistema social, bem como os valores consagrados por esta determinada sociedade, em tempo, espaço e circunstâncias também determinadas.*

Não há dúvida, portanto, de que ao falarmos de princípios, estamos falando de regras genéricas, que devem ser compreendidas de forma hermenêutica, adequando-os ao sistema social. As regras, por sua vez, são específicas, normatizações pontuais, que se determinam em decorrência de alguma situação.

Uma vez entendida a idéia que procuramos abordar com os princípios gerais do processo, iniciamos o estudo dos mesmos, pontualmente:

a) *Princípio da imparcialidade do juiz:* por este princípio, temos a nítida certeza de que o juiz está entre as partes e acima delas, sendo, portanto, garantia de justiça para as partes, que estarão sujeitas a uma decisão de um juiz imparcial, resultado de uma posição imparcial também do Estado frente ao processo;

b) *Princípio da igualdade ou isonomia:* entendemos a máxima de que partes e procuradores devem merecer tratamento igualitário. Em se tratando hoje de igualdade substancial, e não apenas formal, deve-se dar proteção diferenciada à parte mais débil, o que visualizamos bem no processo penal, ante o postulado do *favor rei*. Apesar de existirem algumas desigualdades, principalmente no que tange aos prazos processuais, que, no processo civil, são ampliados em favor da Fazenda, do Instituto Nacional do Seguro Social e do Ministério Público, estas são explicadas tendo em vista o interesse público, e em razão da natureza e organização do Estado.

c) *Princípios do contraditório e da ampla defesa:* esculpidos no art. 5º, LV, da CF/88, asseguram aos litigantes no processo administrativo ou judicial e acusados em geral todos os meios e recursos inerentes a estes princípios. Manifestações do devido processo legal, contraditório e ampla defesa não derivam um do outro, senão estão intimamente ligados pela própria natureza do processo. Assim, temos o princípio do contraditório atrelado ao princípio da bilateralidade da audiência, onde é infesto ao juiz ouvir uma parte e não dar a chance para que a outra se manifeste. Esta idéia está vinculada ao aspecto da dialeticidade que move a decisão judicial.

De importante relevância no processo civil, é no processo penal que o contraditório e a ampla defesa assumem papel inafastável, devendo a ampla defesa, inclusive, ser plena e eficaz, sob pena de nulidade. Trata-se não apenas de garantia do acusado em defender-se, mas de garantia de interesse público, da própria justiça, sendo indeclinável a defesa técnica;[29]

d) *Princípio do devido processo legal:* previsto no inciso LIV do art. 5º da Magna Carta, é tratado no âmbito processual como uma norma de encerramento. O *due process of law* contém em si todos os demais princípios processuais, abarcando, inclusive, aqueles que porventura não chegaram a ser positivados pelo texto constitucional, devendo ser entendido, dessa forma, como um princípio que assegura todos os demais princípios previstos constitucionalmente, ou seja, garante o direito à ação (princípio da inafastabilidade da apreciação judicial - art. 5º, XXXV), de defesa, prova, contraditório, ampla defesa, sentença, o uso dos recursos a ela inerentes (art. 5º, incisos LIII, LIV e LV), da inadmissibilidade do uso da prova ilícita (art. 5º, LVI), bem como da publicidade e motivação dos atos processuais (arts. 5º, LX, e 93, IX).

Assim, todo e qualquer princípio aplicável ao processo, mesmo que não previsto expressamente, pode ser inserido dentro do conceito de devido processo legal. Exemplo disso é a garantia de uma celeridade processual, entendendo-se que todo acusado tem direito a um processo

---

[29] Sobre o direito de defesa, ver FERNANDES, Antonio Scarance. *Processo penal constitucional.* 2. ed., São Paulo, Revista dos Tribunais, 2001, p. 253-270.

célere, não tumultuado pela própria complexidade dos atos processuais, mas rápido, que vise, primeiramente, a tirar o acusado do estado de insegurança que o processo lhe proporciona (tendo em vista que o que está em jogo é a sua liberdade), ao mesmo tempo em que dá uma resposta imediata à sociedade, atingida pelo fato delitivo.

e) *Princípio da ação*, também conhecido como princípio da demanda, temos a diferenciação no que tange aos processos de conteúdo inquisitivo e acusatório. Por este princípio, cabe somente à parte provocar a função jurisdicional, sendo esta inerte.

No processo inquisitivo, é o próprio juiz que acusa, defende e julga, cabendo a ele iniciar de ofício o processo, recolher as provas e, ao final, proferir a decisão. Reprovável por diversos motivos, é totalmente rechaçado no processo penal, restando ainda alguns resquícios nos procedimentos pré-processuais, como é o inquérito policial.

Já o processo acusatório é o processo penal de partes, em que o acusador e o acusado se encontram equiparados; além de serem inerentes a tal processo, que é de ação, os princípios da imparcialidade do juiz, do contraditório e da publicidade.

Dentre outros princípios aplicáveis ao direito processual temos:

f) *Princípio da disponibilidade do direito de ação*, possibilitando às partes dispor de seus direitos, retratando-se na liberdade que as pessoas têm de exercê-los ou não. Procedente no processo civil - muito embora reconheçamos a existência de bens indisponíveis também no processo civil –, deparamo-nos, no processo penal, com princípio oposto, que é o da indisponibilidade (ou da obrigatoriedade) da ação penal (pública incondicionada, ressalve-se);

g) *Princípio dispositivo e da livre investigação das provas* – verdade formal e verdade real. De acordo com o art. 131 do CPC, o juiz deve sentenciar formando seu convencimento de forma livre, valorando os elementos de prova segundo critérios lógicos, aplicando seu conhecimento jurídico e sua experiência social, fundamentando seu decisório. O mesmo ocorre no processo penal, que em seu artigo 157 determina que o juiz formará sua convicção pela livre apreciação da prova.[30]

---

[30] Embora não tenha o legislador tido o mesmo cuidado tido no processo civil, vinculando o juiz à matéria ventilada nos autos e quanto à necessidade de fundamentação já no artigo atinente à prova, o mesmo é desnecessário, à vista do art. 381, incisos III e IV do CPP e da previsão constitucional do art. 93, IX, que dispõe que *"todos os julgamentos dos órgãos do Poder Judiciário serão públicos, e fundamentadas todas as decisões, sob pena de nulidade (...)"*.

Tratando dessa dicotomia do processo acusatório/inquisitivo, Ferrajoli traça importantes linhas, resumindo a temática nos seguintes termos:

"[...] la dicotomía 'acusatorio/inquisitivo' es útil para designar una doble alternativa: ante todo, la que se da entre dos modelos opuestos de organización judicial y, en consecuencia, entre dos figuras de 'juez'; y, en segundo lugar, la que existe entre dos métodos de averiguación judicial igualmente contrapuestos y, por tanto, entre dos tipos de juicio. Precisamente, se puede llamar 'acusatorio' a todo sistema procesal que concibe al juez como un sujeto pasivo rígidamente separado de las partes y al juicio como una contienda entre iguales iniciada por la acusación, a la que compete la carga de la prueba, enfrentada a la defensa en un juicio contradictorio, oral y público y resuelta por el juez según su libre convicción. A la inversa, llamaré 'inquisitivo' a todo sistema procesal donde el juez procede de oficio a la búsqueda, recolección y valoración de las pruebas, llegándose al juicio después de una instrucción escrita y secreta de la que están excluidos o, en cualquier caso, limitados la contradicción y los derechos de la defensa".[31]

Embora ainda vigore a distinção entre verdade formal e verdade material, defendendo-se a idéia de uma verdade formal no processo civil, onde o juiz pode satisfazer-se com as provas produzidas, limitando-se a acolher o que as partes levam ao processo e eventualmente rejeitando a demanda ou a defesa por falta de elementos probatórios e de uma verdade real no processo penal, onde o juiz deve buscar todos os elementos que possam retratar a realidade dos fatos, entendemos que tal posição é um pouco ingênua, tendo em vista que o conceito de verdade real é apenas mítico, pois o que existe no processo penal são versões de um mesmo fato, que somente os envolvidos saberão (ou não), sendo inviável o juiz reconstituir os fatos assim como ocorreram.

---

[31] FERRAJOLI, Luigi. Op. cit., p. 564. "(...) a dicotomia 'acusatório/inquisitivo' é útil para designar uma dupla alternativa: mais do que de tudo, a que se dá entre dois modelos opostos de organização judicial e, em conseqüência, entre duas figuras de 'juiz': e, em segundo lugar, a que existe entre dois métodos de averiguação judicial igualmente contrapostos e, por tanto, entre dois tipos de juízo. Precisamente, se pode chamar 'acusatório' a todo o sistema processual que concebe o juiz como um sujeito passivo rigidamente separado das partes e ao juízo como uma contenda entre iguais iniciada pela acusação, à qual compete a carga da prova, enfrentada a defesa em um juízo contraditório, oral e público e resulta pelo juiz segundo sua livre convicção. Ao inverso, chamarei 'inquisitivo' a todo sistema processual em que o juiz procede de ofício à busca, recolhimento e valoração das provas, chegando-se ao juízo depois de uma instrução escrita e secreta das quais estão excluídos ou, em qualquer caso, limitadas a contradição e os direitos da defesa." Tradução da autora.

Torna-se, portanto, evidente que a busca da veracidade dos fatos ocorridos está atrelada à formação da prova que é levada ao processo. Assim, "quem a obtiver terá por si a presunção de veracidade em seu favor. Caso contrário, restará sempre a possibilidade de se compreender, não ser verdadeira a pretensão alegada".[32]

Entretanto, esta verdade estará sujeita à dialética inerente ao jogo processual. Ou seja, somente através do contraditório, da discussão sobre a possibilidade, verificabilidade e veracidade probatória, e aqui ressaltamos a importância destes institutos no processo penal, onde, basicamente, temos a instrução cognitiva através da prova, é que será possível dizer sobre um fato, sendo a sentença, portanto, o filtro das provas, clarificadora da verdade dos fatos.

Temos, como uma pequena separação deste princípio:

h) *Princípio da persuasão racional do juiz:* já que este forma de maneira livre sua convicção, o faz apreciando e avaliando as provas existentes nos autos, devendo sempre se basear pelo que consta dos autos, mas também levando em conta sua consciência, somente assim podendo ser "livre" a sua convicção ao determinar uma decisão;

i) Pelo *princípio do impulso oficial*, entende-se que compete ao juiz, uma vez já instaurada a relação processual, desenvolver os procedimentos, através de suas fases, até exaurir a função jurisdicional. Juntamente com tal princípio, examina-se também o princípio da oralidade, que se manifesta através da discussão da causa em audiência, tida como fator importantíssimo para concentrar a instrução e julgamento no menor número possível de atos processuais.

Tratado anteriormente quanto à valoração da prova pelo magistrado, tem relevância no direito processual:

j) *Princípio da publicidade e da motivação das decisões judiciais:* esculpidos nos arts. 5º, LX, e 93, IX, da Constituição Federal, servindo como mecanismo de legitimação da função jurisdicional, eis que toda decisão judicial deve ser fundamentada, motivada e, da mesma forma, deve ser dado publicidade ao julgamento e aos atos processuais, sendo inconstitucional o ato praticado sob sigilo. O princípio da publicidade é a arma da sociedade para a fiscalização da Justiça, pois esta não pode ser secreta, e muito menos arbitrária em suas decisões.

---

[32] CHIMENTI, Francesco. *O processo penal e a verdade material.* Teoria da prova. Rio de Janeiro, Forense, 1995.

Entretanto, é a própria Constituição que, no mesmo inciso LX do art. 5º, restringe a publicidade, ressalvando as hipóteses de não-aplicabilidade deste princípio, nos momentos em que tiverem em conflito outros princípios constitucionais, para salvaguardar o direito de intimidade e o interesse social.[33] Também no processo civil existem exceções a este princípio no que tange ao segredo de justiça, no interesse das próprias partes (art. 155 do CPC).

k) Princípios da boa fé e da lealdade processual. São atos contrários à boa-fé e à lealdade processual, por exemplo, a requisição de provas inúteis ou impertinentes, a ocultação de documentos ou outras provas úteis à solução do processo, a sonegação de bens na execução, etc. Não tolerando a má-fé, o Código de Processo Civil arma o juiz de poderes para atuar de ofício contra a fraude processual, prevista no art. 129.

Partindo do princípio de que o processo se filia ao direito público, constatamos que há interesse público no processo; assim, Estado e partes conjugam esforços no processo para solucionar o litígio, sendo de extrema preocupação das leis processuais que os procedimentos sejam assentados sob os princípios da boa-fé e da lealdade das partes e do juiz.

Levando em conta o ideal no qual deveria inspirar-se o direito processual, principalmente o civil, que seria o de acesso à Justiça de forma rápida e de baixo custo para todos, temos:

l) Princípio da economia e da instrumentalidade das formas. Sendo um dos fatores apontados por todos (críticos e não-críticos ao próprio Poder Judiciário) como causadores do estado de "crise" pelo qual passa o "Estado" e, assim como em decorrência, o "Direito", está o volume de demandas e a impossibilidade do Estado de atendê-las de forma eficiente, levando a maior parte das questões para o Judiciário.

Existem algumas aplicações práticas deste princípio a fim de se limitar a morosidade da justiça, como o indeferimento da petição inicial, desde logo, uma vez que inexistentes requisitos legais mínimos; denegação de provas inúteis pelo juiz; julgamento antecipado da lide, sem audiência, quando não houver prova oral a produzir, entre outros.

---

[33] Exemplo desse limite está no do § 1º do art. 792 do CPP, nos casos em que "se da publicidade da audiência, da sessão ou do ato processual, puder resultar escândalo, inconveniente grave ou perigo de perturbação da ordem, o juiz, ou o tribunal, câmara, ou turma, poderá, de ofício ou a requerimento da parte ou do Ministério Público, determinar que o ato seja realizado a portas fechadas, limitando o número de pessoas que possam estar presentes".

m) Princípio da motivação da sentença merece especial realce, eis que sua falta acarreta a nulidade da mesma. Tal princípio toma a forma de garantia constitucional, em decorrência do regime democrático e dos princípios a ele inerentes (CF/88 art. 5º, § 2º), tendo seu fundamento no art. 93, IX, da Magna Carta. É garantia não apenas do réu, que tem o direito de saber o porquê de sua condenação/absolvição, mas garantia sentada em três importantes aspectos:

1) garantia de uma atuação equilibrada e imparcial do magistrado;

2) garantia de controle da legalidade das decisões judiciárias;

3) garantia das partes – neste ponto, principal relevância, pois é na motivação que as partes podem constatar se o juiz levou em conta os argumentos e a prova que produziram, pois o direito à prova não se configura só como direito a produzir a prova, mas também como direito à valoração da prova pelo juiz.

O Código de Processo Civil, em seu artigo 458, inciso II, dispõe a fundamentação como parte integrante da sentença. Como garantia do Estado de Direito, a decisão motivada do juiz aponta o entendimento das razões do juiz. A fundamentação desta decisão deve ser clara e objetiva.

n) Princípio da coisa julgada e do *duplo grau de jurisdição*. Pelo primeiro, sendo a sentença a expressão da vontade do Estado, o princípio constitucional da coisa julgada dirige-se ao legislador. Em seu entendimento, a lei não prejudicará a coisa julgada, não podendo atingir a sentença que fez coisa julgada. Já em relação ao segundo, temos que todas as decisões judiciais são passíveis de recurso (princípio da recorribilidade), como meio de evitar ou emendar os erros e falhas possíveis de ocorrerem, visto que os julgadores, antes de tudo, são seres humanos. É, portanto, o direito que a parte tem, como regra geral, que a sua pretensão seja conhecida e julgada por dois juízos distintos mediante recurso, caso não se conforme com a primeira decisão, devendo o mesmo acomodar-se às formas e oportunidades previstas em lei, a fim de que não tumultue o processo e nem frustre o objetivo da tutela jurisdicional.

Para concluir esta parte, reunindo o posicionamento de ampla doutrina sobre o tema, poderíamos assim esquematizar o que chamamos de uma teoria geral dos princípios:

TEORIA GERAL DOS PRINCÍPIOS
Garantias Constitucionais

Devido processo legal – art. 5°, LIV: abarca todos os demais princípios

1) Princípio da isonomia ou igualdade – art. 5º, *caput* e inc. I
2) Princípio do juiz e do promotor natural – art. 5º, XXVII e LII
3) Princípio da inafastabilidade do controle jurisdicional – art. 5º, XXXV (Direito de ação)
4) Princípio do contraditório e ampla defesa – art. 5º, LV
5) Processo civil: bilateralidade da audiência / liminar *inaudita altera pars*
6) Processo do trabalho: contraditório em audiência
7) Processo penal: inafastável, porém inexistente no inquérito policial
   Ampla defesa – plena, eficaz, sob pena de nulidade
   Proc. penal: garantia do acusado e de interesse público = indeclinável a defesa técnica – efetiva
8) Princípio da proibição da prova ilícita – art. 5º, LVI
9) Princípio da publicidade e motivação dos atos processuais
   – art. 5º, LX e 93, IX = mecanismo de legitimação da função jurisdicional
   Publicidade: arma da sociedade para fiscalização da Justiça.
   Restrições:art. 5º, LX, CF; Art. 155, CPC; Art. 792, § 1º, CPP
   Motivação da sentença:
   Garantia: 1 – de uma atuação equilibrada do magistrado
             2 – de controle da legalidade das decisões judiciárias
             3 – das partes: é na motivação que as partes podem constatar se o juiz
                 levou em conta os argumentos e a prova que produziram

Princípios Gerais do Processo

1) Princípio da imparcialidade
2) Princípio dispositivo
3) Princípio do livre convencimento do juiz (arts. 131 CPC e 157 CPP)
4) Princípio da economia processual e instrumentalidade das formas
5) Princípio da demanda: cabe à parte provocar a função jurisdicional, sendo ela inerte
6) Princípio da oralidade
7) Princípio da imediatidade
8) Princípio da identidade física do juiz (não se aplica ao processo do trabalho)
9) Princípio da verossimilhança – mera expectativa de direitos
10) Princípio da lealdade e da boa-fé processual
11) Princípio da coisa julgada e duplo grau de jurisdição – art. 5º, XXXVI

Processo Penal

1) Princípio da dignidade da pessoa humana (indivíduo como sujeito, e não objeto da relação processual)
2) Princípio da presunção de inocência – art. 5º, LVII (juiz garantidor)
   Derivação: a) Princípio *in dubio pro reo* – cabe ao agente acusador demonstrar
                 a existência do fato típico
              b) Princípio da celeridade – acusado tem direito a processo célere
                 (não tumultuado)

```
------- RAPIDEZ------------------ x ------------------------ TEMPO --------------------
    Estado insegurança      resposta          - célere, mas justo
         (réu)              (sociedade)       - rápido, mas não apressado
```

3. Da impossibilidade de uma unificação

Os caminhos que levam à impossibilidade de uma unificação, ou seja, da inviabilidade de uma formulação de uma teoria geral do processo, são muitos. Desde uma reflexão sobre a finalidade do processo até os conceitos próprios a cada esfera, na presente obra, nos preocupamos em contrapor o direito processual civil com o direito penal, demonstrando tal impossibilidade pela incompatibilidade de seus institutos.

A defesa e a crítica a uma teoria geral do processo não é assunto novo, cabendo-nos, neste momento, fazer apenas alguns apontamentos, uma vez que o ponto nevrálgico irá recair sobre a sumarização no/do processo penal que, nada mais é do que a aceleração dos procedimentos através de mecanismos utilizados no processo civil, incabíveis, portanto, de serem aplicados, conforme nosso entendimento, na esfera processual penal.

O ponto crucial da crítica que fazemos concentra-se em institutos como a jurisdição e a lide, conceitos básicos e intrínsecos ao processo civil, sendo o primeiro entendido de forma diferenciada no processo penal, e o segundo, inexistente neste âmbito, devendo o mesmo ser expurgado da linguagem processual penal, adotando-se uma terminologia correta, que seria o "caso penal".

O termo, trazido por Jacinto Coutinho,[34] é de grande felicidade, na medida em que é expressão que não está sujeita a ambigüidades, servindo perfeitamente para expressar a reconstituição que se efetiva no processo penal: "a reconstituição de um fato pretérito, o crime, na

---

[34] COUTINHO, Jacinto Nelson de Miranda. *A lide e o conteúdo do processo penal*. Curitiba, Juruá, 1998, p. 137.

medida de uma verdade processualmente válida e evidenciadora da culpabilidade ou da periculosidade".[35]

3.1. Aspectos incompatíveis das jurisdições civil e penal

Entendemos que muito embora seja defendida pela doutrina como una, a jurisdição se diferencia pelas matérias civil e penal, a partir de seu próprio nascedouro, qual seja, o direito civil ou o direito penal. Unificar a idéia de jurisdição seria simplesmente adotar as mesmas bases do direito civil para regular o processo penal. Ter clara esta idéia é preceito fundamental para que se entenda de uma forma mais objetiva a crítica que se impõe à teoria unitária do processo, a partir da demonstração da incompatibilidade da tese que prega a unificação do conceito de jurisdição.

Rogério Lauria Tucci bem coloca em obra sobre jurisdição, na sintética expressão de Joaquim Canuto Mendes de Almeida, que a mesma *consiste no poder-dever de realizar justiça estatal, de que resulta a atividade concernente ao seu exercício pelos órgãos judiciários*: "A jurisdição – função específica do Poder Judiciário, encara-se, em potência, como poder-dever de fazer a justiça estatal, e em ato, como a atividade mesma de a exercerem seus agentes, que são os juízes e os tribunais".[36]

No processo civil, temos claro, na maioria dos casos, o aspecto substitutivo da atividade jurisdicional. Entretanto, a lacuna deixada por esta definição genérica é argutamente criticada por Galeno Lacerda,[37] cuja crítica mereceu destaque na obra de Tucci:

"Essa tese absolutamente insatisfatória não só não explica a natureza jurisdicional dos processos mais relevantes, que tiverem por objeto conflitos sobre valores indisponíveis, cuja solução não se pode alcançar pela atividade direta das partes (processo penal, pro-

---

[35] Com ele, estamos diante de uma situação de incerteza, de dúvida, quanto à aplicação da sanção penal ao agente que, com sua conduta, incidiu no tipo penal. Em não sendo auto-executável a sanção, não há outro caminho que o processo para fazer o acertamento do caso penal. A jurisdição, ademais, é indefectível e atua, até o acertamento positivo, de condenação, alheia a elementos de ordem subjetiva.

[36] TUCCI, Rogério Lauria. *Jurisdição, ação e processo penal*. Belém, CEJUP, 1984.p. 6.

[37] GALENO LACERDA, *Comentários ao Código de Processo Civil*, 2. ed., Rio de Janeiro, 1981, v. VIII, t.I, p. 22-3, nº 6, *Apud* TUCCI, Rogério Lauria. Jurisdição (...), p. 11.

cesso civil inquisitório – ex.: nulidade de casamento), senão que deixa *in albis* também o porquê da natureza jurisdicional das decisões sobre questão de processo, especialmente daquelas que dizem respeito à própria atividade do juiz, como as relativas à competência e suspeição, onde jamais se poderá vislumbrar qualquer traço de 'substitutividade' a uma atuação originária, direta e própria das partes."

Evidentemente que, assim espelhada, não podemos concluir como sendo escopo da jurisdição (até então, tratada como una), o caráter substitutivo, ainda mais quando vislumbramos o processo penal, em que a jurisdição, visualizada sobre a luz dos cânones *nulla poena sine iudicio*, e *nullum crimen nulla poena sine lege*, identifica-se justamente como autolimitação à função punitiva do Estado.[38]

Assim como vemos em Calamandrei, também na obra de Tucci temos que o processo penal não tem por finalidade a remoção de um "desacordo" existente entre acusador e acusado, seja a respeito de existência do crime ou da medida da pena. Não há, portanto, a figura de litigantes, sendo, portanto, o escopo do processo penal um pronunciamento jurisdicional, seja ele absolutório ou condenatório, a respeito de um caso penal. O que se busca, com o processo penal, diferentemente do que colocam os autores acima citados, que entendem que seria a punição do culpado,[39] é a solução do caso penal.

Segundo o ensinamento de Fernando Luso Soares,

"no Processo Civil contencioso o juiz, resolvendo um conflito de interesses, dá o seu a quem de direito (*suum cuique tribuere*). Significa isto que, contenciosamente, aquele que não tem o seu, deverá tê-lo, e com isso se fez justiça."

---

[38] Tema árido que mereceu, inclusive, estudo digno de nota, de Fernando Luso Soares (1981), a respeito da inserção do processo penal na classificação da jurisdição voluntária. Tal se dá, sucintamente, pelo aspecto da inexistência de lide no processo penal. Assim, uma vez estudado que a jurisdição contenciosa se caracteriza pela existência de partes, reveladora de uma lide ou litígio, que constitui seu objeto; pela possibilidade de contraditório, que se perfaz com regular chamamento do réu a juízo, a fim de tomar conhecimento da ação proposta e, se de seu desejo, defender-se; e pelo fato de formar-se a coisa julgada, referentemente aos atos decisórios atinentes ao *meritum causae*, isso sob o ponto de vista de conceber a jurisdição como una, ligando-se aos conceitos do processo civil, por óbvio caímos na tentação de afirmar, conforme Soares (1981), que a jurisdição voluntária nada mais seria do que um processo sem lide.

[39] Cf. TUCCI, Rogério Lauria. Op. Cit., p. 20, "O processo penal tem, portanto, em qualquer caso, para atingir o efeito jurídico da punição do réu, aquele mesmo caráter de *necessidade* – *nulla poena sine iudicio* – que, no campo civil, para obter efeitos jurídicos que as partes não podem conseguir através de contrato, é próprio do processo de tipo inquisitório."

"[...] Diferentemente, no Processo Penal só por consolidado equívoco a pena é própria de uma justiça atributivo-distributiva. O que o juiz faz por meio da sentença penal é autorizar que procurem *modificar o ser daquele que é como não deve ser*".[40]

Assim, é comum aos autores falarem em pretensão como se o mesmo termo, entendido no processo civil,[41] pudesse ser aplicado ao processo penal. Ora, assim como não há lide no processo penal, bem entendido isso, não há que se falar entre pretensão punitiva nesta seara, nem em uma resistência do réu à pretensão do Estado de tirar-lhe a liberdade.

Por isso é interessante, no exame das obras clássicas, o exame histórico-temporal das idéias que são lançadas. Autores como Carnelutti, por exemplo, ainda tiveram tempo de redimir-se em determinados pontos cruciais para o estudo do processo. Diferente não é a idéia outrora defendida pelo mestre sobre a tradicionalizada *pretensão punitiva*, que aqui nos deteremos por alguns instantes, colacionando seus ensinamentos:

"O conceito de *pretensão*, tão diversamente entendido, havia sido por mim definido, depois de algumas vacilações, como *exigência da satisfação de um interesse próprio perante um interesse alheio;*[42] como tal, a pretensão é um elemento da lide. E no primeiro intento de estudo do processo penal adaptei, a este, tal conceito, definindo a *pretensão penal* como *a exigência da sujeição de alguém a uma pena.*[43] Mas isto valeu um erro por várias razões: - em primeiro lugar, porque uma 'exigência' só se coloca em face de outrem que a deva satisfazer, enquanto o Ministério Público, que está investido no magistério punitivo, não tem nem motivo nem possibilidade de exigir o seu exercício, de alguma outra pessoa, e menos ainda do imputado; - em segundo lugar porque, admitindo-se mesmo que o castigo do culpado satisfaz um interesse da sociedade, personificada no Estado, tal satisfação não está a cargo do

---

[40] SOARES, Fernando Luso. *O processo penal como jurisdição voluntária.* Coimbra, Livraria Almedina, 1981, p. 56.

[41] Pretensão: 1. *Direito processual civil.* Invocação de um direito em juízo, exigindo sua tutela judicial. Trata-se do pedido ou objeto da ação exarado na petição inicial. (...) DINIZ, Maria Helena. *Dicionário Jurídico.* São Paulo, Saraiva, 1998, v.3, p. 710.

[42] CARNELUTTI, *Sistema di diritto processuale civile,* I, p. 40; *Istituzioni del processo civile italiano,* I, p. 8;/ e *Teoria generale del diritto,* p. 20, Apud SOARES, Fernando Luso, p. 75.

[43] CARNELUTTI, *Lezione sul proceso penale,* I, p. 130. Apud SOARES, Fernando Luso, p. 75-6.

imputado, o qual, até pelo contrário, enquanto culpado tem um interesse, solidário com o Estado, em ser castigado."

Entendendo, portanto, que "interesse" é uma idéia ligada a uma situação favorável ou tendente à satisfação de uma necessidade, chegamos a uma conclusão lógica de que o único interesse em jogo no processo penal é o do réu. Assim, não há de se falar em conflito de interesses, mas sim em *contraste de opiniões*[44] a respeito de *um mesmo interesse* – e que é o interesse, único e exclusivo, do imputado. Da mesma forma, inconcebível se falar em "partes" no processo penal, devendo tal termo ser substituído por outro mais adequado. Tucci[45] nos dá a idéia de senso processual "dado o fato de tornar-se necessária à assunção da *forma acusatória* para, em *regime de inafastável atuação contraditória dos sujeitos parciais,* apurar-se a *verdade material* (...)".[46]

Assim, ao classificarmos que a jurisdição contenciosa é aquela onde há um contraditório, voltaríamos a nos encontrar com o processo penal, uma vez que o contraditório (real e indisponível) se faz ínsito ao processo penal: "indeclinável injunção legal" a defesa do acusado, nem a sua revelia "exclui a garantia constitucional da contrariedade do processo". A efetivação da defesa há de ser contínua e contraditória à acusação, de sorte a atender às "exigências comunitárias inscritas no Estado de direito", à "essência do Direito como tarefa do homem" e "ao espírito do Processo, como *co-participação* de todos os interessados na criação da decisão".[47]

São peculiaridades da jurisdição penal:

1) *a finalidade de aplicação das normas penais materiais positivas*, ou seja, a realização do Direito Penal, pelo poder-dever dos órgãos da Justiça Criminal de processar e julgar as causas criminais;

---

[44] O termo *opinião*, aqui, se refere a modo de pensar. Segundo definição do Dicionário Jurídico, "estado de espírito consistente em julgar verdadeira uma afirmação, admitindo que possa não o ser. DINIZ, Maria Helena. Op. cit., p. 451.

[45] TUCCI, Rogério. *Jurisdição* (...), p. 21.

[46] Sobre a busca da verdade material, é ponto do qual discordamos, porém que deixaremos análise para oportunidade mais própria, tendo em vista o desvio que teríamos que fazer no presente estudo, cabendo apenas, neste momento, marcar a nossa idéia da impossibilidade de se falar em verdade material como escopo do processo penal, eis que temos por entendido de forma bem clara que o papel do processo penal está em justamente garantir ao indivíduo todas as armas possíveis contra arbitrariedade do Estado em infligir-lhe a pena, não sendo possível o juiz, ao final de uma sentença, dizer que condena ou absolve porque "encontrou" a verdade dos fatos.

[47] Cf. Jorge de Figueiredo Dias, *Direito processual penal*, Coimbra, 1974, v. I, p. 158, nº 2, c, *Apud* TUCCI, Rogério, Jurisdição, p. 21.

2) *caráter de necessidade*, tanto para atingir o efeito da punição do culpado, como para preservação do direito de liberdade, livrando-se o cidadão, quando indevida, da coação estatal, eis que somente ativada a sanção estatal depois de terminada toda a fase processual.

Luigi Ferrajoli, ao tratar do tema, faz uma importante distinção entre o que ele chama de *jurisdiccionalidad lata y jurisdiccionalidad estricta*,[48] a jurisdicionalidade lata e a jurisdicionalidade estrita. Destaca que a primeira enunciação legal do princípio de jurisdicionalidade se encontra no art. 39 da Carta Inglesa de 1215, ao dispor que "nenhum homem livre será detido nem preso, nem despossuído de seus direitos nem possessões, nem declarado fora da lei, nem exilado, nem modificada sua posição de qualquer outra forma, nem nos procederemos com força contra ele, nem mandaremos outros a fazê-lo, a não ser por um juízo legal de seus iguais ou pela lei do país."

Por esta formulação, estão explícitas três garantias fundamentais:

1) *habeas corpus*, ou seja, o remédio ao cidadão contra os abusos contra sua liberdade pessoal e castigos ou intervenções de autoridades que lesionem seus direitos;

2) a idéia da *reserva de jurisdição* em matéria penal, ou seja, que é somente possível a um juízo legal, imparcial e independente a atribuição para a averiguação e repressão dos delitos;

3) a *presunção de inocência*, em virtude da qual ninguém poderá ser tratado ou condenado como culpado antes da decisão que assim o determine, e somente após o trânsito em julgado de um devido processo legal.

Estas teses – *nulla poena, nullum crimen, nulla culpa sine iudicio* – expressam, conjuntamente, o que Ferrajoli denomina como a jurisdicionalidade em sentido lato, não expressando, contudo, os procedimentos e as garantias dos quais depende o caráter cognoscitivo ou declarativo do juízo, sendo que estes se expressam com o princípio de jurisdicionalidade em sentido estrito, formado pelo conjunto das três teses: *nullum iudicium sine accusatione, sine probatione y sine defensione*.

A diferenciação que é posta está justamente que, enquanto falamos em jurisdicionalidade *lato sensu*, esta é uma exigência em qualquer tipo de processo, seja acusatório ou inquisitivo, sendo que a jurisdicionalidade *stricto sensu* está vinculada e dependente a um processo acusatório.

---

[48] FERRAJOLI, Luigi. Op. cit., p. 539.

Esta distinção apresentada não somente nos constata da impossibilidade de se falar da jurisdição como una, como também demonstra da necessidade de uma avaliação, pelo juízo penal, de sua verdadeira função no processo, não como substituto, para solucionar um litígio, mas como instrumento garantista de buscar a solução para o caso penal.

3.2. A problemática do conflito de lide e a impossibilidade de seu uso na esfera penal

Por lide foi adotado, inclusive pelo legislador brasileiro, o conceito carneluttiano de conflito de interesses qualificado pela pretensão de um dos litigantes e pela resistência do outro.

Assim, segundo sua doutrina, considera-se:

– o interesse como a posição favorável à satisfação de uma necessidade;
– sendo ilimitadas as necessidades do homem e restritos os bens aptos a satisfazê-las, poderá surgir conflito de interesse quando a situação favorável à satisfação de uma necessidade exclui a situação favorável à satisfação de necessidade diversa;
– quando este conflito ocorre entre interesses de uma só pessoa, não releva para o direito;
– verificando-se entre distintos sujeitos, poderá surgir a pretensão que é a exigência de subordinação de um interesse alheio ao interesse próprio;
– eventualmente, um dos titulares de interesses em conflito a ela se sujeitará.

Seguindo esses passos, o conflito estará composto; resistida esta pretensão, haverá lide.[49]

Carnelutti, assim como muitos processualistas, tem em suas obras uma particularidade que deve ser verificada com muita atenção, tendo em vista o amadurecimento de suas obras.[50] Tanto que, ao falar sobre o processo penal, Carnelutti acaba por admitir a existência de proces-

---

[49] Cf. OLIVEIRA, Eduardo Ribeiro de. "Notas sobre o conceito de lide". Doutrina nacional. *Revista de processo*. abr./jun. 1984, n° 34. p. 85-86.
[50] A título de nota, temos que muito embora os adeptos da teoria unitária citem Carnelutti como expoente, até a referida tese chegar ao Brasil, o processualista já tinha mudado a sua posição sobre a lide.

sos sem lide. E chegou mesmo, por força de tais conclusões, a inserir o processo penal na jurisdição voluntária.[51]

Especificamente tratando do tema, lembra Jacinto Coutinho que

"o acolhimento da tese de Carnelutti, de que a lide estabelece a função processual (usada no lugar de função jurisdicional), pois essa atua para compô-la, tão-somente, e, mais, que seria uma função geral, idêntica em todos os ramos da jurisdição, isto é, só apareceria para esse fim, atravessa toda a estrutura de Calamandrei sobre o processo civil inquisitório – e por extensão o processo penal – porque, se assim fosse, ter-se-ia que excluir ambos da atuação jurisdicional".[52]

Calamandrei, ao criticar o caráter sociológico do conceito de lide proposto por Carnelutti, traz interessante posição ao colocar que teria lugar a jurisdição voluntária quando não houvesse litígio, ou seja, quando as partes estivessem de acordo quanto à produção de um efeito jurídico, mas a lei não permitisse que tal efeito se verificasse sem o pronunciamento do Magistrado. Chama a posição carnelutiana de retrocesso, no momento em que não admitia o exercício de jurisdição senão quando houvesse controvérsia, bem como critica a posição fundamental da contenciosidade como distinção da jurisdição propriamente dita da voluntária.[53]

Tendo por conclusão que a finalidade da jurisdição é justamente a perfectibilização do direito objetivo (sendo até de certo modo complementar à atividade legislativa), recusa veementemente a tese carnelutiana de inexistência de atividade jurisdicional em não havendo a lide (de acordo com sua própria concepção).

Termina por afirmar que objeto do processo é o pedido do autor. A lide seria o conflito de interesses qualificado pelos pedidos correspondentes das partes.

Entendemos procedente a crítica à teoria de Carnelutti, uma vez que há uma apreciação do Magistrado sobre o mérito da causa, ou seja: se o pronunciamento do Juiz está condicionado ao pedido do autor, assim como condicionado não apenas à natureza da tutela jurídica pretendida, mas também aos fatos expostos, resta evidente que importa

---

[51] Sobre esta questão, ver FERNANDO LUSO SOARES, *O processo penal como jurisdição voluntária*.
[52] COUTINHO, Jacinto. Op. cit., p. 40-41.
[53] CALAMANDREI, *Apud* OLIVEIRA, Eduardo. Op. Cit., p. 86.

para o processo a lide deduzida pelo autor na inicial, sendo somente sobre ela que o Juiz poderá pronunciar-se.

O problema que se apresenta não está na simples refutação do conceito de lide, pois isso o próprio Carnelutti já fez, mudando sua posição, inclusive tratando da impossibilidade da lide no processo penal, mas sim na persistência da doutrina pátria em utilizar o conceito de lide e invocá-la "artificialmente" para o processo penal.

Novamente nos reportando a Coutinho, vemos a base dos que defendem essa idéia de lide penal em Biondi, que "insiste na tese de que o processo penal, como o processo civil, serve à composição da lide, isto é, 'no processo penal o Estado (...) age para que da atuação processual da lei venha eliminada a lide entre a parte lesada e o imputado'. Para tanto, sustenta que uma referência exclusiva a um interesse autônomo e independente do Estado é partir para fora da realidade, porque não se pode separar, como se faz dessa forma, os interesses individuais do coletivo, desde que esse nada mais é que a progressão daqueles".[54] É, portanto, nem só fato, nem só direito, mas um conjunto.

Na verdade, como bem aponta Luciano Marques Leite, este "conflito" é artificial, criado pelo próprio Estado para que o processo penal possa funcionar como processo de partes.[55]

Mesmo refutando a tese de uma lide penal, ainda assim enfrentamos dificuldades ao substituir o conceito de "lide" por "conflito de direitos", como propugna Leite,[56] uma vez que entendemos não haver

---

[54] BIONDI, Pompeo. "Alcuni rilievi sulla posizione dogmática del pubblico ministero, p. 297/325 in COUTINHO, Jacinto. Op. Cit. p. 82.

[55] LEITE, Luciano Marques. "O conceito de 'lide' no processo penal – um tema de teoria geral do processo." In *Justitia*, vol. 70, 3ª trimestre de 1970, p. 189-190.

[56] Das tentativas de adaptação do conceito de lide ao processo penal, o autor traça um levantamento das várias idéias já ventiladas sobre a justificação de uma lide no processo penal, que aqui resumimos de acordo com os autores apontados em seu artigo, e que merecem destaque:
Giovanni Leone - no processo penal se delineiam duas situações diversas: uma situação imanente de conflito entre direito punitivo do Estado e direito de liberdade (jurídica) do imputado; outra de situação contingente, de relação entre Ministério Público e imputado. Lide, no processo penal, significa conflito permanente e indisponível de interesse.
Girolamo Bellavista – segue o ensinamento de Leone. Entende que é um erro de perspectiva confundir inexistência de lide com o princípio da indisponibilidade da ação no processo penal. Existe lide no processo penal e na sua forma mais rígida e macroscópica.
Luigi Sansó – apresenta contra a teoria de Leone e Bellavista, e entende que lide significa também contraste de vontades.
Grispigni – esclarece que para o conceito de jursidição é suficiente a existência puramente objetiva de conflito de interesses e não aquela subjetiva de resistência. É suficiente que o conflito esteja na realidade das coisas e não na vontade dos sujeitos.

um réu que defenda seu direito de liberdade e um Estado que queira puni-lo, quando provada sua culpa, mas vemos como centro do processo penal a solução de um caso penal.

Assim, muito embora ainda aceito o conceito de lide no processo penal, entendemos que tal conceito, além de artificial, tem por único escopo embasar a idéia de uma teoria única do processo, que, porém, mostra-se falha, ante ao próprio conteúdo do processo penal.

3.3. A finalidade do processo civil e o objeto do processo penal (o ilícito punível)

A separação entre o direito material e o direito processual, como visto anteriormente, está focalizada em dois momentos distintos: o *primeiro*, da distinção do momento em que cada um se mostra, sendo o direito material regulador da ação antes de ocorrer e o direito processual após sua ocorrência. Já o *segundo* se dá justamente na distinção existente no processo da finalidade do processo civil e o objeto do processo penal, que procuraremos abordar nas linhas que seguem.

Mas qual a finalidade do direito processual civil? Como este ramo da ciência jurídica regula a atividade dos sujeitos da relação processual e, por isso também a do Estado enquanto prestador da tutela jurisdicional, a questão envolve, em certo sentido, a finalidade da própria jurisdição. Seguindo o modelo adotado pela doutrina pátria, esclarecemos a questão através da sistematização de três correntes que buscam justificar a finalidade do direito processual civil.

1) *Corrente subjetivista*, integrada por Wach, Helwig, Mattirolo, entre outros, a jurisdição, e por conseguinte as normas processuais, visam a tutelar os direitos subjetivos individuais ameaçados ou violados. O processo funcionaria, assim, como instrumento de defesa do direito subjetivo individual.

2) *Doutrina objetivista:* a finalidade do processo consiste na atuação do direito objetivo, visando à manutenção ou ao restabelecimento

---

Carnelutti – tentou pela "controvérsia", substituindo o conceito de lide, individualizar o que ele chama de "conteúdo puramente penal" do processo penal.
Nicola Jaeger – não conseguiu conciliar a concepção carneluttiana da jurisdição com a exigência de construir um conceito unitário, utilizável tanto num como noutro campo, olhando o conteúdo do processo não já na "lide civil" e na "controvérsia em penal", mas bem na "controvérsia no civil e no penal".

da ordem jurídica, não obstante o interesse privado provoque a jurisdição. Nessa linha, defendem Chiovenda, Calamandrei, Liebmann e Goldschmidt. Função publicista.

3) *Corrente conciliatória*, apoiada por Moacyr Amaral dos Santos, Couture e Emílio Betti que, embora reconhecendo destinar-se o processo à satisfação do interesse público da paz jurídica mediante a aplicação da lei, considera indispensável a constatação de que o processo funciona mediante provocação das partes que objetivam através dele a proteção de seus direitos individuais.

Envolvendo o processo civil, como vimos anteriormente, a solução de conflitos que versam, em sua maioria, sobre a discussão de uma propriedade, ou seja, o "ter" ou "não ter" o direito, não nos traz maiores dificuldades entender que a finalidade do processo civil que está em solucionar o litígio, dando o direito a quem de fato o merece.

Porém, se temos clarificada, neste momento, a idéia de que no processo civil busca-se a declaração de um direito (que ingressa como direito do autor e, no processo, será discutido, sendo a decisão um risco), não importando os efeitos de tal declaração, o que se busca no processo penal?

É novamente Carnelutti, em suas "Lecciones", que nos esclarece que, em sendo a finalidade do direito em geral consistir em assegurar a paz da sociedade, a finalidade do direito penal estaria, portanto, em excluir a resolução dos conflitos de interesses mediante a guerra. Por sua vez, a finalidade do direito civil seria a de garantir um modo de resolução dos conflitos diferentemente da guerra. Em estando proibida pelo direito, a guerra se converte em delito, sendo, portanto, a finalidade do direito penal em excluir ou combater o delito.

"Ahora bien, la realidad se divide en dos sectores, los cuales son la *posibilidad* y la *existência*. Solo la condición de una exacta inteligência de estos conceptos, los cuales pertenecen a las supremas regiones del pensamiento, el problema del derecho penal puede ser racionalmente resuelto. Según el critério así diseñado, la finalidad del derecho penal, que quiere decir la finalidad del proceso penal, esto es, la razón por la cual al delito se hace seguir la pena, se distingue en dos fases o sectores, a los cuales convienen los nombres de *prevención* y de *represión* del delito".[57]

---

[57] CARNELUTTI, *Lecciones* (...), p. 75. "Agora, a realidade se divide em dois setores, os quais são a *possibilidade* e a *existência*. Somente a condição de um exato entendimento desses con-

Assim, temos claro que o objeto do processo penal nada mais é do que o castigo do ofensor (ofensor do Estado, pela infração da norma, e da sociedade, pela sua não-integração e negação em manter o pacto social). Assim, em defesa a todos os ofendidos, imputa-se um castigo a um homem em crise, atendendo a sentença penal não à lesão do *ter* do ofendido, mas do *ser* do ofensor.

Diferentemente de uma forma de atividade que busque sanar os motivos que levaram determinado indivíduo a transgredir as normas erigidas pela sociedade como penalmente tuteláveis pelo Estado, o que se tem é uma punição para que o desvio não ocorra. A pena seria uma forma tanto de afastar aquele ser que não se adapta às regras de conduta (valores morais e éticos) da sociedade quanto de tranqüilizar a própria sociedade, que se sente novamente em equilíbrio com a paz de ter afastada de si um ser indisciplinado.

O crime, conforme Bettiol,[58] é sempre um ato nefasto à coletividade, por menor que seja a repercussão dada diante dos perigos a que está exposta a sociedade, sendo o comportamento do acusado sempre recriminável, demonstrando a "imaturidade psíquica do imputado, assim considerado, em quase todas as sociedades civilizadas".

---

ceitos, os quais pertencem às supremas regiões do pensamento, o problema do direito penal pode ser racionalmente resolvido. Segundo o critério assim desenhado, a finalidade do direito penal, que quer dizer a finalidade do processo penal, isto é, a razão pelo qual ao delito se faz seguir a pena, se distingue em duas fases ou setores, aos quais convêm os nomes de *prevenção* e de *repressão* do delito." Tradução da autora.
[58] BETTIOL, Giuseppe. *Instituições de Direito e Processo Penal*, trad. Manoel Costa Andrade, p. 207.

Parte II

Processo e Procedimento

4. Processo enquanto técnica

O processo pode ser tratado como instrumento, como garantia e como uma técnica, sendo que todas essas características estão vinculadas aos postulados do Estado Democrático de Direito e o seu dever de preservar o indivíduo de arbitrariedades, por um conceito universalizado do justo.

Assim, o estudo do processo como uma técnica em si, seja ela de conhecimento, seja de busca da solução rápida de um conflito, traz consigo toda uma carga de garantias a ele inerentes, previstas de ordem processual e, principalmente, constitucional, que devem ser analisadas cuidadosamente pelo operador do direito.

A própria definição do que se entende pela cognição nos leva à conclusão de sua necessidade plena no processo penal, que lida com valores indisponíveis (liberdade), e da possibilidade de sua abreviação no processo civil, pela satisfação dada através dos provimentos cautelares.

Entretanto, para que novamente não sejam feitas confusões com os institutos do processo penal e do processo civil, mister se faz, primeiramente, que seja brevemente estudada a classificação de tais ações, para, a partir de seus efeitos, podermos analisar o processo enquanto técnica de uma forma mais abrangente e complexa.

4.1. Classificação das ações cíveis

Sendo o processo um conjunto de atos, que buscam solucionar um conflito, e sendo diversas as causas que fazem insurgir a tutela jurisdicional, necessário se faz uma classificação das ações, mormente tenhamos presente que não há os famosos "tipos puros", e o caráter substitutivo da jurisdição deve conseguir abarcar grande parte dos insurgimentos sociais.

Assim, a tutela jurisdicional tradicionalmente é classificada em três modalidades clássicas, quais sejam: a tutela jurisdicional de cognição (processo de conhecimento), a tutela jurisdicional de execução (processo de execução) e a tutela jurisdicional assecuratória (processo cautelar).

PROCESSO DE CONHECIMENTO: a fonte primeira da jurisdição. A tutela jurisdicional de cognição exaure o processo trazendo uma atividade jurisdicional plena, onde o Judiciário tem a tarefa de, através do conhecimento dos fatos e do direito, "dizer" o direito. Aplicando a lei ao caso concreto, o Judiciário impõe sua vontade, por meio de um exame total da causa, dando, por fim, a razão a quem realmente a tem, à luz do direito positivo.

Apesar de ser tratada como plena, temos no processo de conhecimento uma variação no que tange à cognição encetada pelo juiz, que pode diferenciar-se quanto à profundidade e extensão. Na primeira, impede-se que ocorra um processo efetivamente célere, à vista da necessidade de exaurir-se a questão em discussão. Já em uma cognição sumária, examina-se a matéria superficialmente, porém em toda a sua extensão, podendo ser *initio litis*, e passível de ser confirmada ou reformada na sentença de mérito. É o caso do mandado de segurança que, justamente por ter procedimento próprio, sem dilação probatória, exigindo direito líquido e certo, autoriza o juízo a concedê-lo liminarmente.

Embora tratado em capítulo especial, importante frisar que, independentemente da matéria em que se funde o direito, a possibilidade de uma sumarização da cognição está intrinsecamente ligado à necessidade de um juízo de probabilidade. A necessidade de um provimento jurisdicional imediato autoriza ao magistrado o julgamento baseado na "lógica razoável", não mantendo correlação com o grau de convencimento do juízo acerca do direito.

Ainda sobre a tutela jurisdicional de cognição, tratando-se aqui de uma classificação, não poderíamos olvidar das diferentes espécies existentes no processo de conhecimento, de acordo com o conteúdo eficacial que é buscado na sentença. Assim, os processos de conhecimento podem ser declaratórios, condenatórios, constitutivos, mandamentais e ainda executivos.

1 - Eficácia declaratória: mesmo entendendo que todo o provimento jurisdicional leva, consigo, uma eficácia declaratória, temos que o juízo declaratório é aquele do qual provém uma decisão que declara a existência (declaratória positiva) ou inexistência (declaratória negativa) de uma relação jurídica.

2 - Eficácia constitutiva: exarada em uma sentença de procedência, visa, como já diz o próprio nome, surgir no mundo do direito um novo estado jurídico, que consiste na formação, modificação ou extinção de uma relação jurídica. Não obstante concordemos que toda sentença traz, consigo, uma eficácia declaratória, a natureza constitutiva traz um acréscimo, ou seja, a possibilidade de criar um novo estado jurídico.

3 - Eficácia condenatória: traz em seu bojo o tópico da teoria da ação, eis que trata justamente do fenômeno da lide de pretensão resistida, onde não há somente a necessidade de uma declaração de que existe um direito, mas de um restabelecimento a um estado anterior, ou a um novo estado, que depende da imposição de uma sanção pelo juiz.

4 - Eficácia mandamental: tem por característica a realizabilidade prática do direito litigioso no procedimento da cognição mediante ordem. Partindo a ordem do próprio Estado, não pode o demandado excusar-se de obedecê-la sob pena de desobediência.

5 - Eficácia executiva: por fim, a tutela executiva como efeito da sentença se dá pelo aspecto de seu poder de auto-executoriedade, independentemente de um novo processo de execução, como vemos, por exemplo, nas ações de despejo.

PROCESSO DE EXECUÇÃO: diferentemente da tutela de cognição, visa à realização de direitos, já declarados em uma ação de conhecimento ou, através da apresentação de um título executivo extrajudicial. A tutela perquirida é apenas a de efetiva satisfação dos interesses do credor, sendo composta preponderantemente por atos materiais sobre os intelectivos. Visa, em verdade, a dar ao credor o que ele teria caso o devedor tivesse cumprido, voluntariamente, a obrigação então exigida através do processo de execução.

PROCESSO CAUTELAR: tem caráter eminentemente assecurativo das tutelas anteriormente descritas, de cognição e de execução. Da necessidade de uma segurança de efetividade no cumprimento do provimento jurisdicional, criou-se uma forma de, não obstante a característica de não-definitividade da decisão cautelar, esta pudesse garantir que o tempo, necessário ao julgamento da lide, não acabasse por tornar a prestação jurisdicional ineficaz, resguardando-se as condições de fato e de direito.

Essa busca de garantia da efetividade jurisdicional revela-se de significativa importância, tendo em vista, principalmente, a aceleração das relações sociais, e a necessidade de um provimento que lhe garanta, ao menos, que o objeto cautelando não desaparecerá até a confirmação da tutela principal, positiva ou negativa, da inexistência do direito alegado pela parte.

Assim, uma vez que de cognição sumária e, por isso mesmo, não revestida da característica de imutabilidade, eis que sua finalidade é meramente processual e assecuratória, exigidos são os requisitos do *fumus boni iuris* e do *periculum in mora*. Assume-se, por um lado, o risco da própria decisão cautelar, perfunctória, com base apenas na aparência do direito e do perigo na demora de tal apreciação.

E, em vista disso, há o instituto da contracautela, que visa, justamente a minimizar a repercussão negativa na esfera jurídica do requerido que uma medida cautelar pode causar-lhe em razão de eivas de *errores in judicando* ou *in procedendo*, respondendo o requerente à responsabilidade objetiva pelo risco judiciário.

4.2. Classificação das ações penais

A classificação das ações penais geralmente é realizada levando-se em conta apenas seu aspecto subjetivo, qual seja, da titularidade para a sua proposição. A ação penal é pública – condicionada ou incondicionada, de iniciativa privada ou subsidiária.

AÇÃO PENAL PÚBLICA: ação cuja titularidade para sua promoção está adstrita ao Ministério Público, que oferece a denúncia tendo por requisitos mínimos indícios da autoria e da materialidade. O que difere a forma incondicionada da forma condicionada está, justamente, na liberdade do Ministério Público de propô-la, na medida em que, supridos os requisitos acima elencados, não há a necessidade de uma provocação, contando apenas com o inquérito policial, ou ainda a "notícia crime".

AÇÃO PENAL PÚBLICA CONDICIONADA: depende da representação do ofendido ou seu representante legal para a abertura de inquérito. Essa distinção está explícita no Código Penal pátrio, uma vez que a regra é a da incondicionalidade para a propositura da ação penal.

AÇÃO PENAL DE INICIATIVA PRIVADA: depende da iniciativa do ofendido ou de seu representante legal. É a lei que a distingue da ação pública, sendo necessário que se promova mediante queixa. A própria abertura do inquérito policial somente se dá mediante requerimento escrito do ofendido ou seu representante, havendo a necessidade da contratação de advogado para que oferte a queixa-crime, peça esta equivalente à denúncia, sendo obrigatório os mesmos requisitos daquela, quais sejam, os indícios de autoria e materialidade.

AÇÃO PENAL SUBSIDIÁRIA: é aquela intentada pelo ofendido ou seu representante, ante a inércia do Ministério Público em promover a denúncia.

Entretanto, seguindo a linha de uma teoria geral do processo, vemos que a ação penal, ao ser classificada quanto à tutela jurisdicional invocada, também é dividida em ação de conhecimento, cautelares e de execução.

A tutela jurisdicional de conhecimento, assim como vimos na classificação do processo civil, prevê uma resposta que se dá através de uma decisão. Na ação penal, entretanto, apesar de se restringir à sentença a uma absolvição ou condenação, temos, ainda assim, uma subdivisão nesta espécie de tutela, de cunho declaratório (existência ou inexistência de uma declaração jurídica – o *habeas corpus*, por exemplo), absolutório, condenatório e constitutivas (como a reabilitação e a extradição).

Tema que terá um aprofundamento posterior, a tutela jurisdicional cautelar visa a assegurar ou a resguardar os objetivos da ação penal através de medidas urgentes, constritivas e coercitivas, que recaem sobre um direito pessoal, como a prisão preventiva e a fiança ou que deriva de um direito real sobre a coisa, própria ou alheia, como é o caso do arresto e do seqüestro.

Da mesma forma como no processo civil, as medidas cautelares necessitam dos requisitos da probabilidade de dano e do perigo da demora, que recomenda sua imediata decretação, termos estes que não são apropriados para serem aplicados na seara processual penal.

Seguindo a sistemática do processo civil, temos a tutela jurisdicional de execução que dá, por fim, cumprimento ao que foi decidido no processo de conhecimento. Temos, especificamente, como procedimento para a execução penal a Lei 7.210, de 11-7-1984.

4.3. Antecipação de tutela e cautelares no processo

Estamos em época de busca de efetividade, a todo custo, para compensar a velocidade das demandas sociais. Tal efetividade pode ocorrer por alterações legislativas específicas, como é o caso do art. 461 do Código de Processo Civil,[59] ou pelo implemento de tutelas jurídicas diferenciadas.

Segundo Nelson Nery Júnior,[60] tutelas jurídicas diferenciadas "podem ser concebidas com a criação de instrumentos mais efetivos à solução da lide ou com mecanismos de agilização da prestação jurisdicional." Como exemplo, podemos citar a ação coletiva para a defesa de direitos individuais homogêneos, espécie de *class action for damages* (art. 81 do CDC, parágrafo único, III, e 91 *et seq.*), os juizados especiais cíveis e criminais (Lei 9.099/95) e a tutela antecipatória, instituída pelo Código de Processo Civil, art. 273 .[61]

O que ocorre em todas as hipóteses em que, no processo civil, há antecipação de efeitos executivos da tutela é uma decisão com base em uma *cognição sumária*, devendo o juiz certificar-se apenas da probabilidade da existência do direito afirmado em juízo.

Carecedor há muito de medidas antecipatórias que atingissem a efetividade do processo, o direito processual, indo além das previsões legais, como a reintegração liminar na posse e o despejo liminar, a partir da edição da Lei 8.952/94, modificando a redação do art. 273 do Código de Processo Civil, passou a prever tal modalidade de provimento jurisdicional no *caput*, incisos e parágrafos.

---

[59] Trata do cumprimento de obrigação de fazer ou não fazer, possibilitando que juiz conceda tutela específica da obrigação ou tome providências que assegurem o resultado prático equivalente ao do adimplemento.

[60] WAMBIER, Teresa Arruda Alvim (Coord.) *Aspectos polêmicos da antecipação de tutela*. São Paulo, Editora Revista dos Tribunais, 1997, p. 379-380.

[61] Art. 273 CPC: "O juiz poderá, a requerimento da parte, antecipar, total ou parcialmente os efeitos da tutela pretendida no pedido inicial, desde que, existindo prova inequívoca, se convença da verossimilhança da alegação ..."

Assim como em todas as modalidades de tutela sumária e não apenas na tutela cautelar, a necessidade da verossimilhança das alegações, que se dá pela probabilidade de existência do direito alegado afirmado pelo demandante é requisito indispensável para o seu deferimento. Entretanto, em existindo pelo menos um dos dois requisitos previstos nos incisos do mesmo artigo, é possível a sua concessão.

Resumidamente, merecem destaque os já conhecidos requisitos previstos nos incisos I e II do art. 273 do CPC. O primeiro, também entendido por tutela antecipada de segurança, está embasado no "fundado receio de dano irreparável ou de difícil reparação", também chamado de *periculum in mora*, é exigido pelo legislador para a antecipação dos efeitos da tutela jurisdicional, sendo possível sua concessão antes da manifestação do réu no processo (*inaudita altera pars*). Já o inciso II do mesmo artigo trata da chamada "tutela de evidência", em que a concessão da medida antecipatória será possível quando ficar caracterizado abuso do direito de defesa ou manifesto propósito protelatório do réu, só restando possível sua concessão após o oferecimento da contestação, pois é a partir dela que o juiz verificará se presentes os pressupostos necessários a sua concessão.

Muito embora o art. 273, *caput*, do Código de Processo Civil preveja que o pedido de antecipação da tutela poderá ser feito na inicial, nada obsta que o mesmo seja feito no curso do processo de conhecimento, tendo em vista situação superveniente que traga à tona os requisitos previstos em seus incisos. Além disso, vemos que também é legítimo ao réu, e não somente ao autor, pleitear sua concessão quando do oferecimento de sua resposta, através tanto da reconvenção quanto do pedido contraposto, passando a ser, então, autor desta segunda ação.

Já profundamente debatida em elevada doutrina,[62] cabe aqui somente relembrar que não se confunde a tutela antecipada com as liminares concedidas no processo cautelar. No processo cautelar, tem-se por característica a instrumentalidade, ou seja, garantir a eficácia de um provimento jurisdicional final – sentença de mérito – a ser proferida no processo. A tutela antecipada, por sua vez, tem natureza satisfativa.

---

[62] Sobre o tema, ver SILVA, Ovídio Baptista da. *Da sentença liminar à nulidade da sentença*. Rio de Janeiro, Forense, 2001.

Podemos, assim, concluir que tudo que for de natureza satisfativa, é tutela antecipada: a medida cautelar, que antes era de natureza satisfativa, agora é tutela antecipada. Isto porque tanto a tutela cautelar quanto a tutela antecipada, prevista no inciso I do art. 273 do Código de Processo Civil, têm como pressuposto para sua concessão o *periculum in mora*, o risco de dano. A diferença, entretanto, está a respeito de qual perigo da demora se está falando, uma vez que na tutela cautelar, o que corre risco de sofrer dano irreparável ou de difícil reparação é a efetividade do processo, do provimento jurisdicional (como, por exemplo, a oitiva antecipada de determinada testemunha que está na iminência de falecer), hipótese em que o direito substancial não está em risco. Já na tutela antecipada, o que corre risco de perecer é o próprio direito material que objetivou a demanda; há a preocupação de proteger o direito substancial.

Sendo a tutela antecipada medida liminar, excepcional pois, que antecipa a tutela e também a medida cautelar; é efeito antecipatório do mérito, dos efeitos da sentença. Assim dado o contorno, colocamo-nos logo à frente de um impasse ao analisar o § 2º do art. 273 do CPC, que trata da impossibilidade da concessão da antecipação dos efeitos da tutela jurisdicional quando houver o perigo da irreversibilidade do provimento antecipatório. Cabe, neste caso ao magistrado, diante da situação que se coloca ao seu exame, a aplicação do princípio da proporcionalidade, cotejando-se os bens que estão em discussão.

Também tratadas como cautelares incidentais, a tutela antecipada se presta muitas vezes diretamente à antecipação do que se pretende obter ao final do processo, quando o juiz vier a proferir a sentença final, podendo, por exemplo, termos uma ação ordinária revisional de contrato de crédito pessoal que, em sede antecipatória, busca a não-inscrição do autor em cadastros protetivos de créditos enquanto em discussão seu débito.

Ao final, teremos uma sentença de mérito que dirá da abusividade ou não por parte da instituição financeira, sendo este o objeto a ser buscado, ou seja, a possibilidade de revisão do contrato, mas o perigo da demora do próprio processo poderia acarretar que as dívidas contraídas pelo então autor fizessem a instituição bancária inscrever seu nome em cadastros restritivos de crédito, em uma verdadeira coerção moral para que adimplissem dívidas que estão em discussão. Entretanto, o Código de Processo Civil fala em antecipação dos efeitos da tutela pretendida no pedido inicial, sendo que a sentença de mérito pode conter todos os tipos de efeitos: declaratório, constitutivo, condenatório, executivo e mandamental. A regra, entretanto, é que a tutela antecipatória seja concedida apenas nas sentenças de eficácia condenatória, consistente na imposição ao réu de uma prestação de dar, fazer ou não fazer.

A idéia de antecipação dos efeitos da tutela jurisdicional abriu um largo campo de estudo no processo, e sua inserção na seara processual penal nos leva a novas reflexões sobre as suas possibilidades.

5. A tutela de urgência no processo e sua diferenciação nas searas civil e penal

Tema que volta à tona em nosso trabalho, a dicotomia tempo *x* efetividade no processos nos leva, automaticamente, a uma análise mais profunda acerca da verdadeira problemática existente quando se fala da tutela de urgência no processo.

A necessidade de tutelas jurídicas diferenciadas, à vista da velocidade do tempo e do crescimento das inter-relações sociais, tem por escopo não apenas buscar a efetividade do processo, como se demonstra à hipótese da antecipação dos efeitos da tutela no processo civil, mas, em se tratando de processo penal, de uma verdadeira pacificação dos "nervos" sociais, pela resposta imediata aos anseios da sociedade, que vê na proliferação de novas penas e, mais surpreendentemente, no encarceramento, em si, a forma mais eficiente de controle social no combate à criminalidade.

Emergência, urgência e evidência são termos que ultimamente têm sido utilizados, tanto na seara processual civil quanto penal para demonstrar situações em que não se pode aguardar uma decisão final do magistrado, porém muitas vezes perde-se a noção do verdadeiro sentido de tais conceitos.

Fauzi Hassan Chouckr nos traz importante abordagem:

"Que a idéia de emergência está atrelada a de urgência – e, num certo sentido, ao de crise – isso é inegável. Chama a atenção para algo que, de forma repentina, surge de modo a desestabilizar o *status quo ante,* colocando em xeque os padrões normais de comportamento e a conseqüente possibilidade de manutenção das estruturas. Nesse sentido, a ela se atrela a necessidade de uma resposta pronta, imediata e que, substancialmente, deve durar enquanto o estado emergencial perdura."

Mas, assim como o vocábulo *crise*, *emergência* não possui apenas aplicação no mundo do direito. Mais que isso, pode-se afirmar que o direito apenas camufla um de seus mais importantes significados, este melhor compreendido no âmbito das ciências naturais, especialmente na biologia geral. Lá, *emergência* assume o significado de algo que se apresenta como uma excrescência do organismo e não possui forma definida.[63]

Notadamente vemos que a resposta judiciária, no dizer de Jean-François Burgelin,[64] ao tratar sobre o tempo no procedimento em matéria penal, é endereçada não somente à vítima, mas também à sociedade.

"Il faut veiller à rétablir la paix publique après la commission de l'infraction. Or le sentiment d'insécurité progresse ainsi que le sentiment d'impunité des auteurs de petits délits auquel il n'est pas répondu du tout ou pas assez rapidement. Autant dire, em effet, qu'une réponse tardive en matière pénale équivaut à une absence de réponse. L'appareil policier et judiciaire réagit avec lourdeur et lenteur aux petits désordres sociaux qui sont pourtant la source essentielle de ce sentiment d'insécurité."

Continua, ainda, o autor, que esta rapidez na resposta judiciária, que se expressa pelo rito do processo e da execução da pena é a medida de seu impacto social, uma vez que, através de uma medida eficaz, tem-se uma falsa segurança de "paz social", através de organismos que lutam em mantê-la, ao invés de trabalhar na prevenção, como a polícia, organismos sociais e educativos.

Na esfera penal, qualquer decisão pré-processual, ou seja, em fase inquisitorial, onde são desconhecidas as garantias constitucionais de contraditório e ampla defesa, bem como durante a instrução criminal, as famosas medidas acautelatórias se tornam efetiva antecipação da

---

[63] CHOUCKR, Fauzi Hassan. *Processo penal de emergência*. Rio de Janeiro, Lumen Juris, 2002, p. 1-2.

[64] BURGELIN, Jean-François. *La situation spécifique de la matière pénale. In* COULON, Jean-Maire e FRISON-ROCHE, Marie-Anne. *Le temps dans la procedure*. Paris, Dalloz, 1996, p. 31-42. "Deve-se preocupar em restabelecer a paz pública antes do cometimento da infração. Ou o sentimento de insegurança progredirá assim como o sentimento de impunidade dos autores dos pequenos delitos aos quais não há, de todo, uma resposta, ou se a mesma se de forma pouco rápida. Quer dizer, com efeito, que uma resposta tardia em matéria penal equivale a uma abstenção de resposta. O aparelho policial e judiciário reage com lerdeza e lentidão às pequenas desordens sociais que são, portanto, a fonte essencial deste sentimento de insegurança." Tradução da autora.

pena, e, embora passível de reforma, eis que por ser cautelar, não definitiva, tornam-se extremamente perigosas ao indivíduo e afrontam o princípio de presunção de inocência antes de decisão definitiva transitada em julgado .

Ferrajoli, sobre a temática, constata que:

"La alteración de las fuentes de legitimación ha consistido precisamente en la asunción de la 'excepción' o de la 'emergencia' (antiterrorista, antimafia o anticamorra) como justificación política de la ruptura o, si se prefiere, del cambio de las reglas del juego que en el estado de derecho disciplinan la funcion penal. Esta concepção de la emergencia no es otra que la idea de la primacía de la 'razón de estado' sobre la 'razón jurídica' como criterio informador del derecho y del proceso penal, aunque sea en situaciones excepcionales como la creada por el terrorismo político o por otras formas de delincuencia organizada. Y equivale a un principio normativo de legitimación de la intervención punitiva no ya jurídico sino inmediatamente político, no ya subordinado a la ley como sistema de vínculos y de garantías sino supraordenado a ella. 'Salus rei publicae, suprema lex': la salvación o incluso el bien del estado es la 'Grundnorm' del 'derecho de emergencia', la ley suprema a la que han de plegarse todas las demais, incluidos los principios generales, de los cuales legitima el cambio".[65]

Aliás, em matéria de processo e procedimento, note-se que as antecipações "de pena", maquiadas como medidas acautelatórias, são tratadas como efetivas cautelares, quando, na verdade, não o são. Ou seja, exige-se a existência de *fumus boni iuris e periculum in mora* não para assegurar direitos, mas, sim, para assegurar a instrução criminal e a aplicação da lei penal.

---

[65] FERRAJOLI, Luigi. Op. cit., p. 807-808. "A alteração das fontes de legitimação tem consistido precisamente na assunção da 'exceção' ou da 'emergência' (antiterrorista, atimafia ou anticamorra) como justificação política da ruptura ou, em se preferindo, a mudança das regras do jogo que no Estado de Direito disciplinam a função penal. Esta concepção da emergência não é outra que a idéia da primazia da 'razão de Estado' sobre a 'razão jurídica' como cirtério informador do direito e do processo penal, ainda que seja em situações excepcionais como a criada pelo terrorismo político ou por outras formas de delinqüência organizada. E equivale a um princípio normativo de legitimação da intervenção punitiva não ainda jurídico, senão imediatamente político, não ainda subordinada à lei como sistema de vínculos e de garantias, senão supraordenado a ela. 'Salus rei publicae, suprema lex': a salvação, ou ainda, o bem do Estado é a 'Grundnorm' (norma superior) do 'direito de emergência', a lei suprema à qual vão se ligar todas as demais, incluídos os princípios gerais, dos quais legitima a mudança." Tradução da autora.

Teoria Geral do Processo

As medidas cautelares no processo penal têm em seu bojo, claramente, o caráter satisfativo dos anseios sociais e do próprio Estado que, por um problema de segurança pública precária, não consegue "cuidar" de seus investigados sem que os mesmos estejam presos, sendo, portanto, "um problema a menos" se o mesmo já o estiver por ocasião da sentença condenatória transitada em julgado.

Citamos, novamente, Burgelin, que, ao falar desse anseio de penalização e urgência nas medidas de constrição penal, trata esse estado como de "delírio penal".

"Peut-être faut-il trouver une explication dans le 'délire pénal' dans lequel nous nous agitons et qui nous conduit à ne plus pouvoir envisager une situation de crise sans avoir recours immédiatement au pénal, pour comprendre les raisons de la politique pénale de ces dernières années. Celle qui consiste à donner un grand forme de la prescription, pour éteindre le feu pénal judiciaire qui gagne et tente de réduire en cendres toute la classe politique et les dirigeants de nos entreprises."

"Il est vrai que la conjonction de cette 'pénalisation', quelque peu excessive de notre société, et l'interprétation quelquefois sans mesure de nos textes par les juges eux-mêmes ne favorise pas la sérénité".[66]

Essa cautelaridade pode ser vislumbrada principalmente nas medidas de natureza pessoal, na constrição de liberdade, mas também podem ser visualizadas em medidas de caráter patrimonial e probatório, onde se revela mais eficiente.

Voltando às particularidades das tutelas de urgência, sob a ótica do processo civil, cumpre salientar que, apesar do próprio nome, como bem coloca Nelson Nery Júnior,[67] nem sempre a tutela tem como móvel a urgência (art. 273, I, do Código de Processo Civil), visto que pode

---

[66] BURGELIN, Op. Cit., p. 39. "Quem sabe deva-se procurar uma explicação dentro do 'delírio penal' no qual nós nos agitamos e que nos conduz a não mais poder visualizar uma situação de crise sem ter que recorrer imediatamente ao penal, por compreender as razões da política penal de seus últimos anos. Aquela que consiste em fazer uma grande forma de prescrição, por entender o fogo penal judiciário que aumenta e tenta reduzir em cendres toda a classe política e os dirigentes de nossas empresas. É verdade que a conjunção dessa 'penalização' ainda que um pouco excessiva de nossa sociedade, e a interpretação de qualquer jeito, sem limite de nossos textos pelos julgadores, a eles mesmos não favorece nada a serenidade." Tradução da autora.

[67] WAMBIER, *Aspectos* (...), p. 385-6. Acrescenta, ainda, Nelson Nery Jr., que "Daí por que o instituto brasileiro é singular, diferindo, na extensão e profundidade, dos *provvendimenti d'urgenza* do sistema italiano (art. 700 do Código de Processo Civil italiano) e da *einstweilige Verfügung* do Processo Civil alemão (§§ 935 e 940 da ZPO)".

ser concedida quando houver abuso de direito de defesa ou manifesto propósito protelatório do réu (art. 273, II, do Código de Processo Civil). Portanto, nada tem a ver com a urgência, mas, sim, com a *efetividade do processo*.

Cumpre relembrar que a tutela antecipada é medida que pode ser concedida *in limine litis* ou em qualquer fase do processo, *inaudita altera pars* ou depois da citação do réu ou mesmo perante o Tribunal, em fase de recurso.

No processo civil, um dos problemas encontrados para conciliar os requisitos para a antecipação de tutela está na aparente contraditoriedade entre as expressões *prova inequívoca* e *verossimilhança*, que devem conjugar-se para a implantação do instituto. Para tanto, é preciso encontrar um ponto de equilíbrio entre elas, o que se consegue, conforme nos ensina ainda o Professor Nelson Nery Júnior, com o "conceito de *probabilidade*, mais forte do que verossimilhança, mas não tão peremptório quanto o de prova inequívoca".[68]

Observe-se que na antecipação de tutela se impõe mais do que o mero *fumus boni juris*, requisito exigido para a concessão de medidas cautelares. Havendo dúvida quanto à probabilidade da existência do direito do autor, deve o juiz proceder à *cognição sumária* para que possa conceder a tutela antecipada.

5.1. A questão do *fumus boni iuris* e do *periculum in mora* e sua adequação ao processo penal

A aceleração dos procedimentos no processo penal pode ser verificada em vários níveis, desde a produção antecipada de provas até as medidas cautelares patrimoniais, que têm por escopo garantir o pagamento das custas do processo, bem como o ressarcimento dos prejuízos causados pelo delito. Basicamente, conforme ensina Aury

---

[68] WAMBIER, Op. cit., p. 386. Explora ainda o autor, em sua exposição, que essa prova inequívoca é do *fato título do pedido (causa de pedir)*. Tendo em vista que a medida foi criada em benefício apenas do autor, com a finalidade de agilizar a entrega da prestação jurisdicional, deve ser concedida com parcimônia, de sorte a garantir a obediência ao princípio constitucional da igualdade de tratamento das partes. Assim, como a norma norma prevê apenas a cognição sumária, como condição para que o juiz conceda a antecipação, o juízo de probabilidade da afirmação feita pelo autor deve ser exigido em grau compatível com os direitos colocados em jogo.

Lopes Júnior,[69] assegurando a eficácia da sentença condenatória, tendo em vista as futuras responsabilizações na seara cível, contribuindo, isto também, para a mantença da tranqüilidade social e a confiança da sociedade no funcionamento da justiça (e, por tabela, do Estado).

No que tange às medidas cautelares de caráter pessoal vemos que estas exteriorizam com mais clareza a proteção da sociedade e o restabelecimento da paz social afetada pelo delito. Temos, aí, os fundamentos da prisão cautelar configurada na prisão preventiva para garantia da ordem pública ou econômica (art. 312 do CPP e, no mesmo sentido, o art. 503, 2º da LECCrim espanhola). O fundamento principal da prisão cautelar é o *periculum libertatis*, visto como a situação de perigo para o normal desenvolvimento do processo causado pela situação de liberdade do autor do delito.

Interessante frisar uma diferenciação entre a cautela de natureza pessoal, realizada ou mantida por conveniência da instrução criminal, e da cautela pessoal. A primeira, destina-se a evitar ingerências indevidas na produção das provas, assegurando o normal desenvolvimento da instrução. Já a cautela pessoal, que resta fundamentada na necessidade de assegurar a aplicação da lei penal, tem por escopo evitar qualquer conduta do acusado que impeça a eventual imposição da pena, como a fuga, por exemplo, funcionando na tutela dos fins do processo.[70]

Muito embora se tenha o costume, conforme dissemos acima, de utilizar os mesmos requisitos das liminares do processo civil para as medidas cautelares no processo penal, resta mais do que evidente a impossibilidade de aplicar os mesmos pressupostos necessários à cautelar civil à jurisdição penal, tendo em vista que a indiscricionariedade de sua aplicação serve apenas como instrumento de injustiça social, tendo o processo penal já exercido sua função penalizadora muito antes de finda a instrução criminal.

Não se pode afirmar que o delito cometido é uma "fumaça do bom direito", quando na verdade o que se espera é a probabilidade da ocorrência de um delito, ou seja, o *fumus comissi delicti*. Desta forma, é a provável ocorrência de um delito e os indícios da autoria que se

---

[69] LOPES JR., Aury. *Sistemas de Investigação preliminar no processo penal.* Rio de Janeiro, Lúmen Júris, 2001, p. 45-46.
[70] BIZZOTTO e RODRIGUES. *Processo penal garantista.* Visão constitucional e novas tendências. Goiânia, AB, 1998, p. 66.

fundem no pressuposto *fumus comissi delicti*, e não a existência de um sinal, fumaça de um bom direito que deverá ser tutelado pelo Estado, o *fumus boni iuris*.

Também incompossível aplicar ao processo penal o segundo pressuposto que necessário se faz presente nas medidas cautelares civis: o *periculum in mora*, uma vez que o fator imprescindível encontrado nas cautelares penais não é o tempo que corre contra um direito que supostamente existe e o conseqüente perigo da demora que tornaria ineficaz a medida ao final, como ocorre na tutela civil, mas a probabilidade de fuga ou a perigosidade da liberdade do réu é que conta.

Assim, vemos que o segundo pressuposto da cautelar penal está no *periculum libertatis*, ou seja, no perigo que oferece à sociedade o acusado de um crime, através do entendimento de que uma vez que solto, poderá o réu se eximir da aplicação da sanção penal, obstruir a instrução do processo ou ainda macular a manutenção da ordem pública e econômica.

Tal diferenciação pode parecer, em um primeiro plano, puramente teórica, mas é justamente através da formação de uma teoria própria ao direito processual penal que repisamos da impossibilidade de uma uniformização dos procedimentos.

5.2. As medidas acautelatórias

Bem entendido que a chamada tutela de urgência vai buscar seu fundamento no princípio da inafastabilidade da jurisdição, consagrado pelo art. 5º, XXXV, da Constituição Federal, e, mais, que não basta uma garantia de acesso ao judiciário pela possibilidade de utilização do processo de conhecimento (cognição exauriente), sem que seja possibilitado, antes, a utilização de novas técnicas capazes de garantir, mesmo que reflexamente, a satisfação do bem da vida, a garantia de efetividade da jurisdição penal contraditoriamente se manifesta nas medidas acautelatórias no conflito entre pretensão punitiva estatal e pretensão de liberdade.

O Poder Judiciário, como poder do Estado, tem por missão proporcionar a pacificação social, através de regramentos que se comprometam em reprimir a criminalidade. Para tanto, exige-se do Magistrado uma postura igualmente rígida, que se comprometa em afastar do meio social o que lhe é pernicioso, não lhe sendo, portanto, facultado, a aplicação da pena, sendo esta a única resposta plausível à coletividade atingida. Tal situação, a toda evidência, mostra um quadro típico do Estado em crise, levando o operador do direito a uma postura menos democrática e garantista, contrariando justamente os princípios que regem a Constituição nacional.

Como já visto anteriormente, a concessão de toda e qualquer providência cautelar, típica ou atípica, depende da presença de dois requisitos fundamentais, quais sejam, o *fumus boni iuris* e o *periculum in mora*, no processo civil, e os seus correspondentes *fumus delicti* e o *periculum libertatis* no processo penal.

No processo civil, cumpre-nos relembrar, esquematicamente:

1) o primeiro requisito (*fumus boni iuris*): enseja análise judicial a partir de critérios de mera probabilidade, em cognição não exauriente, avaliando-se a plausibilidade do direito pleiteado pelo autor a partir dos elementos disponíveis no momento. Deve o juiz indagar, assim, se a pretensão veiculada, diante dos elementos apresentados pelo legitimado, o conduzirão, provavelmente, a um resultado favorável, cuja utilidade se busca preservar;

2) *periculum in mora*: trata justamente dos riscos que se corre pela demora da prestação jurisdicional, são necessários dados reais que provem o dano que a demora do acertamento do direito das partes poderá acarretar à utilidade da sentença futura. Não basta o perigo genérico, tênue, exigindo-se a demonstração de que, provavelmente, a alteração do *status quo*, razoavelmente demonstrada, esvaziará a atuação jurisdicional, tornando-a irremediavelmente imprestável.

Assim, uma vez presentes os requisitos legais acima referidos, não dispõe o juiz de discricionariedade capaz de levá-lo a indeferir a providência cautelar, abdicando de seu relevante papel de tutela dos bens jurídicos postos sob seus cuidados, sob pena de esvaziamento, ao menos do ponto de vista prático, da própria garantia da inafastabilidade da jurisdição.

Entretanto, diferentemente do que se constata no campo do processo civil, a legislação processual penal é bastante confusa no trato das medidas cautelares. A começar pelo próprio Código de Processo Penal, que traz em seu corpo diversas providências acautelatórias sem nenhum rigor sistemático.

Podemos, entretanto, em uma tentativa de sistematização, diferenciar e agrupar alguns tipos de cautelares:

1) *cautelas pessoais*: as prisões provisórias (prisão em flagrante, prisão preventiva, prisão por força de pronúncia e prisão em virtude de sentença condenatória recorrível); as medidas de segurança e interdições de direito (previstas no Título XI do Livro I do Código de Processo Penal); as contracautelas (liberdade provisória, com ou sem fiança) e as restrições processuais (Título X).

2) *cautelas de cunho patrimonial:* disciplinadas nos arts. 6º (inquérito policial), 125 (seqüestro), 132 (arresto), 136 (hipoteca legal) e 240 (busca e apreensão) do CPP.

3) *cautelas referentes aos meios de prova*: como temos por exemplo o depoimento *ad perpetuam rei memoriam* (art. 225), exame de corpo de delito (arts. 158/181), perícia complementar (art. 168, § 2º) e exame do local do crime (art.169/173).

João Gualberto Garcez Ramos[71] identifica cinco diferentes grupos nas medidas de urgência do processo penal: medidas patrimoniais de urgência, medidas instrutórias de urgência e a busca e apreensão (que, segundo a concepção do autor, pode ser medida tanto instrutória quanto patrimonial), sendo que no campo da liberdade de locomoção do imputado, as medidas podem ainda ser privativas e ou protetivas dessa liberdade.

Visualizado o problema de sua assistemática, outro obstáculo encontramos nas cautelares previstas no ordenamento processual pátrio, principalmente pela falta de atualização (interpretação constitucional), uma vez que foi concebida a partir de uma realidade social totalmente diferente da atual, época de costumes diversos, de criminalidade diversa, de diferentes práticas democráticas, deixando, portanto, de contemplar diversas situações que hoje vêm demandando dos operadores do direito uma postura diferente.[72]

---

[71] RAMOS, João Gualberto Garcez. *A tutela de urgência no processo penal brasileiro*. Doutrina e jurisprudência. Belo Horizonte, Del Rey. 600 p.

[72] Outros exemplos de cautelas podemos observar no novo Código de Trânsito Brasileiro, Lei nº 9.503, de 23 de setembro de 1997, que em seu art. 294, *caput*, passou a admitir que "Em qualquer fase da investigação ou da ação penal, havendo necessidade para a garantia da ordem pública, poderá o juiz, como medida cautelar, de ofício, ou a requerimento do Ministério Público ou ainda mediante representação da autoridade policial, decretar, em decisão motivada, a suspensão da permissão ou da habilitação para dirigir veículo automotor, ou a proibição de sua obtenção". Também o Código de Propriedade Industrial, Lei nº 9.279, de 14 de maio de 1996, permite, no art. 202, II, não só a busca e apreensão dos produtos contrafeitos como também a "destruição de marca falsificada nos volumes ou produtos que a contiverem, antes de serem distribuídos, ainda que fiquem destruídos os envoltórios ou os próprios produtos". Temos ainda, mas não por fim, a Lei nº 10.217, de 11 de abril de 2001, cujo art. 2º busca disciplinar não só

Embora seja o objetivo do presente trabalho uma crítica à idéia de uma teoria geral "única" do processo, através do estudo dos inovadores sistemas de abreviação no processo penal, seja em relação às medidas assecuratórias quanto em relação às medidas instrutórias da ação penal, há de se reconhecer a necessidade de determinadas cautelas, a serem excepcionalmente decretadas, levando-se em conta os avanços tecnológicos e, principalmente, o aumento dos crimes organizados, sendo que o atual Código de Processo Penal naquela época não se detinha em tal ordem de crimes, sendo, atualmente, portanto, incapaz de atender à realidade social.

A busca de uma efetividade do processo penal, e à vista da crescente demanda por respostas ao aumento da criminalidade, impõe ao magistrado decidir sobre a prisão do suspeito desde o início do processo, tendo em vista que o tempo age implacavelmente sobre o processo penal, levando a um real esvaziamento da prestação jurisdicional, contribuindo, assim, para o desprestígio do chamado "sistema de justiça".

Assim, a prisão cautelar é medida que garante a eficácia da prestação jurisdicional; medida essa, entretanto, nem sempre acertada, dada a gravidade de efeitos que decorrem do encarceramento durante o processo, bem assim em razão dos requisitos estabelecidos pelo Código de Processo Penal para a sua decretação, nem sempre cabível por falta de razoabilidade e proporcionalidade.

Diante dos exíguos mecanismos disponibilizados pela lei, o Juiz criminal, em muitas hipóteses, se vê diante da dicotomia do "prender" ou "não prender", o que, como conseqüência, ou o leva a decretar prisões cautelares desarrazoadas ou, ao contrário, a assistir, passivamente, o esvaziamento do processo, não obstante estar diante de real necessidade de garantir a aplicação da lei penal, a instrução criminal ou mesmo a ordem pública.

Novamente nos reportamos a Burgelin,[73] que notadamente demonstra sua preocupação com a aplicação de medidas cautelares in-

---

a chamada "atuação de agente infiltrado", como também a "captação e a interceptação ambiental de sinais eletromagnéticos, óticos ou acústicos, e o seu registro e análise". Em ambas as hipóteses, condicionando tais medidas investigatórias a "circunstanciada autorização judicial".

[73] BURGELIN, Op. Cit., p. 35-36. "Justiça rápida não quer dizer justiça precária. Deve-se ficar atento e vigilante para que essa vontade de acelerar o desenrolar do processo penal a fim de lhe render mais creditoso e compreensível não sucumbir aos ecos da precipitação e de uma aproximação exclusivamente estatística da regulação do fluxo de procedimento. Uma falta de aprofundamento e de preparação dos dossiês que lhe compõe, mal constituídos, não permitem ao tribunal, também de forma muito rápida, de se fazer uma religião ou à vítima, esquecida, de fazer valer corretamente seus direitos. Arriscamos uma falta de individualização na apreensão das personalidades que são apresentadas à justiça." Tradução da autora.

conseqüentes, advindas da necessidade de uma aceleração dos procedimentos na ordem penal, ou seja, uma justiça rápida.

"Justice rapide ne veut pas pour autant dire justice bâclée. Il faut rester attentif et vigilant pour que cette volonté d'accélérer le déroulement du processus judiciaire pénal afin de le rendre plus crédible et compréhensible ne succombe pas aux écueils de la précipitation et d'une approche exclusivement statistique de la régulation des flux de procédure. Un manque d'approfondissement et de préparation des dossiers qui sont dès lors, mal constitués, ne permet pas au tribunal, saisi trop rapidement, de se faire une religion ou à la victime, bousculée, de faire valoir correctement ses droit. On risque un manque d'individualisation dans l'appréhension des personalités qui sont présentées à la justice."

O cuidado a se verificar dos requisitos inerentes à decretação de uma medida de tal relevância está atrelado ao mesmo cuidado que se deve ter em adequar tais possibilidades à realidade temporal e social do delito.

É Romeu Pires de Campos Barros[74] que, ao discorrer sobre o tema, coloca que

"A possibilidade jurídica na ação cautelar consiste em se verificar 'prima facie', se a medida cautelar pleiteada é admissível no estatuto processual ou em qualquer lei dessa natureza. Existe uma tipicidade processual não diferente da tipicidade de direito substancial. Portanto, importa verificar se o pedido do autor pode subsumir-se num dos modelos descritos nos preceitos normativos do direito vigorante. Inexistindo no ordenamento jurídico a medida cautelar pleiteada, não há possibilidade jurídica para o pedido do autor."

Muito embora se entenda que as normas que tratam das providências cautelares têm natureza exclusivamente processual, utilizando-se da interpretação dos princípios gerais de direito (previsto no art. 3º do CPP), e, portanto, comportando a incidência dos princípios gerais do direito em busca da efetividade da ação jurisdicional, aplicando-se o disposto da norma contida no art. 798 do CPC,[75] não nos parece pos-

---

[74] BARROS, Romeu Pires de Campos. *Processo penal cautelar*. Rio de Janeiro, Forense, 1982.
[75] Art. 798 CPC: "Além dos procedimentos cautelares específicos, que este Código regula no Capítulo II deste Livro, poderá o juiz determinar as medidas provisórias que julgar adequadas, quando houver fundado receio de que uma parte, antes do julgamento da lide, cause ao direito da outra lesão grave e de difícil reparação".

sível tal entendimento, devendo as providências cautelares serem somente cabíveis às hipóteses expressamente previstas em lei a partir do argumento da "tipicidade de direito substancial".

Entretanto, a adoção de medidas cautelares atípicas sempre restou marcada no processo penal, sendo incorporada de forma desordenada, sendo pertinente que, diante da impossibilidade prática de a lei prever todas as hipóteses de risco, não faria sentido que o juiz, identificando concretamente um dano à ordem jurídica não prevista pelo legislador, se visse impossibilitado de adotar outras soluções de garantia.

Fauzi Hassan Chouckr, ao analisar o conceito de ordem pública a partir da ótica jurisprudencial, bem como as transformações deste conceito de acordo com o tempo e espaço, traça importantes considerações. Segundo o autor:

> "Nem mesmo o Supremo Tribunal Federal mostrou-se capaz de fornecer linhas de atuação, deixando ao sabor arbitrário do julgador (vez que inexistem parâmetros) para o caso concreto de entender o que é ou não é *ordem pública*. A ausência de parâmetros faz com que aflore o uso da fórmula em seu aspecto puramente retórico, nela podendo ser inserida ou retirada a hipótese desejada sem que trauma formal algum seja sentido".[76]

Suscintamente, vemos que ao longo dos tempos já houve aproximação do conceito de ordem pública com a *preservação da credibilidade do Estado na Justiça*; igualando a garantia da *ordem social* com a garantia da *ordem pública,* somente sendo efetivada com a *aplicação da lei penal;* sendo sinônimo de *periculosidade,* ou *gravidade do delito,* como método de apaziguação social, tendo em vista o *clamor público,* ou seja, a revolta da população pela prática da infração; ordem pública inclusive em favor do acusado, na idéia de que *é mais seguro deixar o réu encarcerado do que solto, a fim de garantir sua incolumidade,* entre tantas outras.[77]

O deferimento das cautelas inominadas no campo do processo penal, igualmente, demandará a demonstração do binômio utilidade-adequação, à vista de ser o interesse de agir, condição inafastável ao legítimo exercício do direito de ação, consiste na demonstração, pelo

---

[76] CHOUKR, Fauzi Hassan. *Processo penal à luz da Constituição*. Temas escolhidos, p. 115.
[77] Como referência a tais conceitos, ver HC n. 60.973 – PR, em voto proferido pelo Min. Francisco Rezek, RTJ 106/573; RT 531/296; RT 575/455; RTs 477/401, 504/436, 534/366, 549/398, 538/458 e 489/344; RT 593/399; RT 593/339, Apud CHOUKR, Fauzi Hassan. *Processo penal à luz da Constituição* (...), p. 115-118.

autor, não só da utilidade da medida por ele pleiteada, ou seja, a imprescindibilidade da intervenção jurisdicional para garantir o pleno gozo de seu direito, como também da adequação da via eleita para o alcance de tal desiderato, podendo ela se dar também na esfera cível e/ou administrativa.

5.3. As medidas instrutórias de urgência

O estudo em apartado das medidas instrutórias de urgência mostra-se adequado no momento em que, embora entendamos o processo como um conjunto de todas as atividades exercidas pelos seus atores, a mais importante não poderia deixar de ser a atividade instrutória. Afinal, é por ela que o processo se guia e se desenvolve, e por ela vai se formar o juízo decisório. Saber a quem está disposta a gestão da prova é marco que vai definir se estamos diante de um sistema inquisitivo ou acusatório, mostrando-se, portanto, a preocupação da lei processual penal em garantir a higidez da atividade instrutória.

Eis por que a importância dada à formação do inquérito policial, do auto de prisão em flagrante e da antecipação de provas. Tendo em vista que a prova em matéria criminal assume papel tão relevante, há a previsão de medida privativa de liberdade do acusado por conveniência da instrução criminal. A proteção da instrução criminal da ação do tempo e de outros fatores de dissolução se dá através desses três instrumentos, como veremos a seguir.

Entendemos o inquérito policial como efetivo processo administrativo, sendo o mesmo um ato complexo, e não apenas preparatório para a instrução criminal, podendo, a partir dele, serem determinadas diversas providências cautelares, inclusive no decurso do mesmo. Entretanto, não se trata de um processo administrativo, pois tendo em vista a necessidade de uma proteção de provas, evidências e de um contato imediato após o cometimento do fato delituoso, o inquérito policial assume a caracterização de urgência. Assim, podemos muito bem colocá-lo como uma medida cautelar.

Medida cautelar administrativa, pois o inquérito policial é conduzido pela autoridade policial e complexa, pelas diversas medidas integrantes do inquérito policial, como a apreensão de objetos, a oitiva do ofendido, o interrogatório do indiciado, o reconhecimento de pessoas e coisas, a realização de acareações, entre outros, identificados no art. 6°, inciso II do Código de Processo Penal.

O inquérito policial procura localizar e proteger todos os elementos de convicção que cerquem o fato criminoso, de forma cuidadosa o suficiente para que possibilite o exame por parte dos futuros participantes do processo penal e uma conclusão mais próxima da verdade real.

Também, de acordo com Garcez Ramos, procura "cristalizar versões do fato para futuro uso em juízo. A tomada dos testemunhos por escrito, pela autoridade policial, garante que o acusador poderá valer-se da versão ali retratada".[78]

Muito embora seja concebida esta função como a mais importante do inquérito policial, pois efetivamente prepara os caminhos para acusação e para a formulação decisória, temos um importante dilema, que merece aqui breve reflexão, e que se dá em dois pontos: primeiro, que, tendo em vista que não é concebido como um "processo" em si, apesar da defesa que fizemos anteriormente, a ele não são aplicadas as garantias previstas constitucionalmente, sendo ferido tanto contraditório como direito à defesa e produção e provas nesta fase e, segundo, e mais perigoso, no momento em que o caso é levado a juízo, não poderia o Magistrado tomar o inquérito policial como parte do processo, já que não é encarado como tal, sendo inclusive prejudicial ao réu à presença do mesmo, no qual, dependendo da natureza do fato delituoso, pode apresentar divergências no depoimento de testemunhas e da própria vítima.

Assim, e ainda assumindo nosso compromisso com o processo penal garantista, é com sérias ressalvas que vemos como adequada essa função exercida através do inquérito policial, pois uma vez convicto do que está ali escrito, é da natureza humana relutar em mudar tal posicionamento, mesmo tratando-se de um juiz imparcial. Desta forma, justamente pelo princípio de imparcialidade é que se espera que a convicção judicial não seja viciada pelo conteúdo do inquérito policial.

Qualificado pela sumariedade tanto do ponto de vista formal (pois é um procedimento de poucas e abertas regras), tendo por escopo simplesmente servir de base para a propositura ou não da ação penal, quanto material, eis que as providências realizadas são genéricas, e procuram abordar todas as possibilidades e colher todos os elementos

---

[78] RAMOS, João Gualberto Garcez. Op. cit., p. 260.

de convicção, há ainda a questão da relação de *referibilidade* do inquérito policial com o direito material subjacente ao processo penal que virar a ser instaurado, pouco importando se a solução do caso penal dar-se-á pelo pedido de arquivamento.[79]

O arquivamento do processo, por sua vez, também tem natureza cautelar,[80] uma vez que o despacho que determina o arquivamento é efetivamente uma decisão jurisdicional, eis que obsta o seguimento do processo. É decisão caracterizada pela urgência, tendo em vista que a existência de um inquérito policial fere diretamente o princípio da dignidade da pessoa humana, referendado pela Constituição Federal em seu artigo 1º. Assim, uma vez não comprovadas a suspeita sobre determinado fato delituoso, não tendo o mesmo se transformado em prova, é dever estatal o arquivamento do inquérito policial.

O auto de prisão em flagrante, por sua vez, já é admitido na ampla doutrina como sendo uma medida tipicamente cautelar, uma vez que serve de diversas formas em sua função cautelar: como título de prisão, como medida de proteção à prova contra ação prejudicial do tempo e como medida de proteção de uma versão sobre o fato a ser objeto de processo penal condenatório.

O auto de prisão em flagrante se reveste apenas pela verossimilhança dos fatos, sendo urgente, e dispondo de pouco tempo para sua perfectibilização.

Encerrada sua lavratura, entrega-se ao preso a *nota de culpa*, que apesar de não ter a sua regulação prevista na Constituição Federal, como ocorreu na de 1824, de 1891 e de 1946, está presente no art. 306 do CPP[81] (sendo sua ausência configurada como responsabilidade funcional, e motivo ensejante do relaxamento da prisão em flagrante).

Relacionando-se nitidamente com a proteção da liberdade do preso em flagrante, vemos também sua relação com a atividade instrutória, sendo, portanto, também medida instrutória, desta vez, assim como ocorre no auto de prisão em flagrante, *medida cautelar protetiva da atividade instrutória do imputado*.[82]

---

[79] RAMOS, João Gualberto Garcez. Op. cit., p. 262.

[80] COUTINHO, Jacinto N. de Miranda. "A natureza cautelar da decisão de arquivamento do inquérito policial." *Revista de processo*. São Paulo, Revista dos Tribunais, 1993, n. 70, p. 56.

[81] Art. 306 CPP: "Dentro de 24 (vinte e quatro) horas depois da prisão, será dada ao preso nota de culpa assinada pela autoridade, com o motivo da prisão, o nome do condutor e os das testemunhas."

[82] RAMOS, Op. Cit. p. 274.

Por fim, no que tange às medidas cautelares de natureza instrutória, temos a produção antecipada de provas, também chamada, como vimos anteriormente, de depoimento *ad perpetuam rei memoriam*, sendo determinada a pedido da parte, e mesmo de ofício pelo magistrado, tendo em vista sua característica de urgência, sendo a mais comum a produção antecipada de prova testemunhal, prevista no art. 225 do Código de Processo Penal,[83] ocorrendo, geralmente, diante de situação de velhice, doença ou iminente ausência, que pudesse colocar a perigo a dilação da oitiva da testemunha para momento posterior.

---

[83] Art. 225 CPP: "Se qualquer testemunha houver de ausentar-se, ou, por enfermidade ou por velhice, inspirar receio de que ao tempo da instrução criminal já não exista, o juiz poderá, de ofício ou a requerimento de qualquer das partes, tomar-lhe antecipadamente o depoimento".

6. A tutela de evidência no processo penal

Tratada de forma diferenciada mesmo na esfera processual civil, a tutela de evidência é modalidade que vem assumindo importante reflexão no processo moderno, à vista da crescente e excessiva litigiosidade do aparelho estatal como "desvio ético", propiciada pela atual processualística, cuja maior aplicação, hoje, tem sido menos o desenrolar processual em busca da prestação jurisdicional, e mais a busca da protelação processual, da perenização de feitos.

Tendo em vista a necessidade de uma justiça urgente, o próprio Judiciário se vê forçado a um novo entendimento sobre o "direito evidente", ou seja, pretensões em que se opera mais do que o *fumus boni iuris*, mas a probabilidade de certeza do direito alegado, aliada à injustificada demora que o processo ordinário carreará até a satisfação do interesse do demandante, com grave desprestígio para o Poder Judiciário, posto que injusta a espera determinada.[84]

O direito de evidência pode ser comparado, assim, ao direito líquido e certo existente no mandado de segurança e no processo de execução. Assim, *a legitimação do provimento urgente em favor do direito evidente situa-se entre o limite da certeza e da verossimilhança preponderante.*

Conforme leciona Luix Fux, são os fatos notórios a primeira espécie de fato gerador do direito evidente, constituídos de verdades de reconhecimento geral, de tal forma propagados que não há a possibilidade de se duvidar de sua existência. Também os fatos incontroversos são entendidos como favoráveis para a demonstração da evidência do direito, sofrendo, da mesma forma, a "influência do 'balanceamento dos interesses em jogo', nalguns casos acrescendo-se da

---

[84] FUX, Luiz. *Tutela de segurança e tutela de evidência.* São Paulo, Saraiva, 1996. p. 305-306.

credibilidade pessoal dos litigantes e do caráter de normalidade circunstancial do evento que ampara o pedido de tutela do direito evidente, sem que se confunda evidência com aparência, este, juízo próprio da função cautelar".[85]

No processo penal, tal "evidência do direito" assume outra forma, uma vez que, conforme já vimos, os termos *fumus boni iuris* e *periculum in mora* não são compatíveis com o sistema processual penal. Assim, a evidência da urgência de um provimento cautelar na seara penal se dá pela visualização nítida de um *fumus delicti comissi* e de um efetivo *periculum libertatis*. Como no caso da prisão provisória, nos casos em que mais do que um juízo de probabilidade, mas, pelas circunstâncias que cercam a pessoa do acusado, patente a necessidade de uma medida urgente que vise proteger a produção de provas até o julgamento, presente está a evidência que justifique a aplicação da medida cautelar.

Entretanto, para que possamos analisar a tutela de evidência à luz do processo penal, necessário que se faça uma reflexão sobre os demais tipos de tutela, de segurança e as antecipatórias, bem como a figura do *habeas corpus* e do *mandado de segurança em matéria criminal* como formas de inibir esta urgência apresentada sob o manto da evidência.

6.1. Distinção entre tutela de evidência, tutela de segurança e as antecipações de tutela

TUTELA DE EVIDÊNCIA

A tutela de evidência mostra-se plenamente justificada no processo civil, pelos seguintes motivos: tendo em vista a necessidade do magistrado em prestar uma rápida solução aos litígios, dispensando o prolongamento desnecessário dos ritos processuais, visando-se sempre à efetividade, sempre que verificado a existência do "direito evidente", sendo, portanto, tutela consectária da aplicação do "devido processo legal", que ajusta o processo, bem como o procedimento à necessidade de proteção judicial do direito lesado ou ameaçado de lesão.

---

[85] FUX, Luiz. Op. cit., p. 316.

TUTELA DE SEGURANÇA

A tutela de segurança é decorrente da garantia de *"acesso à justiça"*, e decorre do poder jurisdicional, que acarreta para o juiz responsabilidade judicial quanto ao objeto e provas do processo, a partir de sua instauração, sendo prestada através de processo com natureza sumária, utilizando-se das regras do procedimento cautelar, tendo como ensejador um estado de "periclitação do direito" material, gerado tanto por um fato da natureza quanto a uma postura da parte adversa, judicial ou extrajudicialmente. Ou seja, a prova na tutela de segurança está atrelada ao poder-dever estatal de conjurar os perigos de dano ao direito material da parte.

TUTELA ANTECIPATÓRIA

A tutela antecipatória, por sua vez, tem cunho meramente satisfativo, visando a evitar o uso indevido do processo cautelar para a proteção de direitos substanciais, sendo necessário o cumprimento de requisitos da fumaça do bom direito e do perigo da demora para sua concessão, não sendo possível ao Juiz a concessão de ofício de tal medida, a não ser que se vislumbre o risco de dano irreparável ou de difícil reparação.

A partir dessa simples distinção entre os diversos tipos de tutela, podemos entender a grande distância que separa o direito processual civil do penal, não sendo possível, portanto, utilizar-se de seus institutos. Entretanto, em admitindo-se, conforme destacado anteriormente, a tutela de evidência no processo penal, à vista da certeza de um perigo em se deixar livre o acusado, seja sob a justificativa de fuga ou pela possível obstrução da instrução criminal, temos que, no mesmo compasso, visualizar métodos de remediação de tais medidas, que podem ser perfectibilizadas através do *habeas corpus* e do *mandado de segurança de natureza penal*.

Ainda, poderíamos lançar alguns pontos sobre a tutela inibitória, uma vez que, sendo tutela específica,

> "objetiva conservar a integridade do direito, assumindo importância não apenas porque alguns direitos não podem ser reparados e outros não podem ser adequadamente tutelados através da técnica ressarcitória, mas também porque é melhor prevenir do que ressarcir, o que equivale a dizer que no confronte entre a tutela preventiva e a tutela ressarcitória deve-se dar preferência à primeira".[86]

---

[86] MARINONI, Luiz Guilherme. *Tutela Inibitória (individual e coletiva)*. 2. ed. São Paulo, RT, 2000, p. 28.

Caracterizada por ser voltada para o futuro, utilizaremos desse instituto para justificar, posteriormente, a possibilidade do *habeas corpus preventivo* como forma de inibir a instauração da ação penal, aí inseridos todos os riscos imanentes ao processo bem como a desnecessidade do ferimento a garantias fundamentais como o da dignidade à pessoa humana.

6.2. O *habeas corpus* e o mandado de segurança

No momento em que tratamos do *habeas corpus* e do *mandado de segurança em matéria criminal* como formas de contracautela, necessário, em um primeiro momento, que distingamos os dois tipos de ações, devido às suas particularidades.

HABEAS CORPUS

O *habeas corpus*, instituído no regramento constitucional brasileiro de 1824 (Constituição do Império), embora de forma implícita, foi definitivamente adotado a partir do Código de Processo Criminal de 1832, vindo então a figurar em todas as posteriores Constituições promulgadas.

Foi, entretanto, na vigência da primeira Constituição republicana, de 1891, que houve uma cisão entre o entendimento dos direitos que visava remediar o *habeas corpus*. Ora, levando-se em conta que na época nem se pensava no mandado de segurança como remédio constitucional, normal que alguns questionamentos fossem alentados sobre a norma que assim prescrevia (art. 72 § 22): "Dar-se-á o *habeas corpus* sempre que o indivíduo sofrer ou se achar em iminente perigo de sofrer violência, ou coação, por ilegalidade ou abuso de poder".

Divergiam, portanto, dois entendimentos:

1) o *habeas corpus* somente serviria para a proteção do direito de ir e vir (locomoção), não cabendo sua aplicação em outros casos em que houvesse recurso específico ou próprio;

2) defendendo a aplicação do *habeas corpus* a todos os casos de constrangimento arbitrário aos direitos individuais.

Nos parece adequado este último entendimento, tendo em vista que naquele texto de 1891, estão abarcados diversos direitos individuais, não devendo ser entendido de forma restritiva ao direito de locomoção. Após a inserção do remédio constitucional do mandado de segurança, é outro o entendimento, conforme ainda adotado nos dias de hoje.

A *natureza do habeas corpus* é objeto de grande discussão na doutrina, mas que para nós, e concernente ao presente trabalho *trata-se de ação autônoma, visivelmente de urgência, que visa proteger o indivíduo em seu direito de locomoção dos abusos do Estado exercido através de suas autoridades administrativas e policiais.*

Aliás, ainda vemos o *habeas corpus* estudado nos manuais entre os recursos cabíveis. Como medida que serve a qualquer tipo de abuso, possível de ser efetivado em qualquer fase do processo, constando, inclusive, no Livro III, Título, Capítulo X, que trata dos recursos em geral, não é, contudo, recurso, tratando-se de ação autônoma, pois o *habeas corpus* é instrumento que pode ser utilizado a qualquer momento do processo, diferentemente do recurso, que necessita de uma decisão judicial.

Além disso, a interposição de recurso só é possível mediante prévia relação jurídico-processual, ao contrário do *habeas corpus*, que, além de, per si, instaurar uma nova relação jurídica, independentemente daquela que deu origem à sua instauração, pode ocorrer independentemente de uma relação jurídica previamente instaurada.

Podendo ser ele de cunho *liberatório* ou *preventivo* (que estudaremos mais detidamente a seguir), podemos resumidamente, destacar:

– *habeas corpus preventivo:* tem lugar no momento em que surge uma ameaça de violência ou coação à liberdade de locomoção do indivíduo. Em concedida a ordem, é expedido o *salvo conduto*, que significa, em termos literais, o direito de ser conduzido a salvo sem ser admoestado;

– *habeas corpus liberatório:* é concedido quando já atacada a liberdade de locomoção, sendo, nesse caso, em concedida a ordem, expedido alvará de soltura ao paciente-impetrante, conforme dispõe o art. 660, § 1º do CPP.

O objeto do *habeas corpus* está vinculado ao direito à liberdade corpórea do indivíduo e sobre o seu direito de locomoção, sobre o qual recai a prestação jurisdicional. Qualquer outro direito líquido e certo que não a liberdade de locomoção, conforme preleciona Paulo Rangel, será tutelado por mandado de segurança.[87]

---

[87] RANGEL, Paulo. *Direito processual penal.* 5. ed., Rio de Janeiro, Lúmen Iuris, 2001, p. 620.

Também importante lembrar que, como ação autônoma, necessário ao *habeas corpus* a *existência dos elementos da ação, ou seja, partes, pedido e causa de pedir*. Até aí não temos maiores confusões, tendo em vista que as partes correspondem ao paciente e à autoridade coatora, o pedido é o de salvo-conduto ou de liberdade, dependendo da natureza do *habeas* impetrado, sendo a causa de pedir o fato originário da ilegalidade.

O que se visa tutelar, com o *habeas corpus*, é a liberdade de locomoção, que é direito líquido e certo, sendo exigível, portanto, a prova pré-constituída de tal constrangimento ilegal (ou iminência de), não cabendo, neste instituto, a discussão sobre provas no processo.

MANDADO DE SEGURANÇA

De outra banda, o *mandado de segurança* tem por escopo a proteção de todo e qualquer direito individual não amparado por *habeas corpus* ou *habeas data*, no momento em que violado ou ameaçado de lesão por ilegalidade ou abusividade do poder, praticado por autoridade no exercício de atribuições do poder público, não cabendo, portanto, contra ato de particular, diferentemente do *habeas corpus*, que permite tal impetração.

Importante salientar, entretanto, que não há vários tipos de mandado de segurança. É remédio constitucional, sendo ação cível autônoma de impugnação, de rito sumário especial, podendo ser impetrado, entretanto, em qualquer outra seara, sendo especialmente aqui estudado a parte criminal. Sobre ele disciplinam, além da própria Lei do Mandado de Segurança (Lei 1.533/51), também as Súmulas n. 266, 267, 268, 430, 474, 510 e 597do STF,[88] e Súmulas n. 41, 169 e 217 do STJ.[89]

---

[88] Súmula n. 266: "Não cabe mandado de segurança contra lei em tese." Súmula n. 267: "Não cabe mandado de segurança contra ato judicial passível de recurso ou correição." Súmula n. 268: "Não cabe mandado de segurança contra decisão judicial com trânsito em julgado." Súmula n. 430: "Pedido de reconsideração na via administrativa não interrompe o prazo para o mandado de segurança." Súmula n. 510: "Praticado o ato por autoridade, no exercício de competência delegada, contra ela cabe o mandado de segurança ou a medida judicial." Súmula n. 597: "Não cabem embargos infringentes de acórdão que, em mandado de segurança, decidiu, por maioria de votos, a apelação."

[89] Súmula n. 41: "O Superior Tribunal de Justiça não tem competência para processar e julgar, originariamente, mandado de segurança contra ato de outros tribunais ou dos respectivos órgãos." Súmula n. 169: "São inadmissíveis embargos infringentes no processo de mandado de segurança." Súmula n. 217: "Não cabe agravo de decisão que indefere o pedido de suspensão da execução liminar, ou da sentença em mandado de segurança."

Desta forma, tendo em vista que *o mandado de segurança tem por objeto um ato revestido de ilegalidade a ser impugnado, líquido e certo, ou seja, comprovado de plano, vedada a dilação probatória, sendo a prova pré-constituída, que não seja tal ato referente à liberdade de locomoção,* caso em que o remédio apropriado, como vimos acima, é o *habeas corpus.*

Surge a dúvida então: Em que casos seria cabível a impetração do mandado de segurança em matéria criminal, tendo em vista que, em tal seara o que se vê realmente ameaçado é o direito à liberdade e à locomoção?

Diversos são os exemplos em que pode ser utilizado tal remédio criminal:

a) O art. 5º, LVIII da CF/88 determina que "o civilmente identificado não será submetido a identificação criminal, salvo nas hipóteses previstas em lei". Pois bem, deixando aqui de lado a hipótese do art. 6º, VIII, do Código de Processo Penal, vemos que, uma vez obrigado o indivíduo a se submeter à identificação criminal, sendo este civilmente identificado, o ato recai sobre este direito, líquido e certo, previsto constitucionalmente, inclusive, e deverá recorrer ao Mandado de Segurança, uma vez que trata-se de direito líquido e certo, não amparado por *habeas corpus* ou *habeas data.*

Nesta temática, temos o exemplo da Lei 9.034/95 (Lei do Crime Organizado), que autoriza, em seu art. 5º, justamente, a identificação criminal daqueles que já possuem identificação civil, mas que estejam envolvidos em ações praticadas por organizações criminosas.

b) Possibilidade de impetração de mandado de segurança contra ato da autoridade policial que obrigue o indiciado a fornecer escritos do próprio punho para exame grafotécnico (art. 174, IV do CPP). Isto porque estamos confrontando um dispositivo legal contra um princípio próprio do processo penal, que é do ônus da prova, que em matéria penal incumbe ao Ministério Público, além de estarmos ferindo o direito que toda pessoa tem de não ser obrigada a depor contra si mesma.[90]

Resta-nos evidente, portanto, que a observação dos pactos como o de São José da Costa Rica, são previstos e necessários ao fortaleci-

---

[90] O pacto de São José da Costa Rica, art. 8º, § 2º, *g*, dispõe que toda pessoa tem o direito de não ser obrigada a depor contra si mesma, nem a declarar-se culpada.

Teoria Geral do Processo 97

mento do Estado Democrático de Direito, respaldados pela Carta Magna, sendo, portanto, direito líquido e certo, a ser amparado em sede de mandado de segurança.

c) Outro exemplo trazido por Paulo Rangel[91] sobre o tema é a possibilidade de medida que proteja o direito a voto do preso provisório (seja em virtude de flagrante ou de prisão preventiva). Explica o autor que os direitos políticos são inerentes à qualidade de cidadão, e tal capacidade eleitoral (de votar e ser votado) somente poderá ser privada na forma estabelecida em nossa Lei Maior, ou seja, pela perda ou suspensão dos direitos políticos, conforme reza o art. 15 da CF/88.[92]

Estando o indivíduo preso provisoriamente, claro nos parece que permanecem seus direitos como cidadão, sendo expressão de tal qualidade os direitos políticos.

"O preso provisório tem, assim, direito líquido e certo de exercer sua capacidade eleitoral ativa, podendo propor ação mandamental, se necessário for. Deferido o pedido pela autoridade judiciária, a autoridade policial adotará as medidas necessárias quanto à segurança do transporte do preso até a zona eleitoral competente para exercer seu direito ao voto".[93]

Embora esteja claro no texto legal que somente é possível a impetração de mandado de segurança contra ato do qual não caiba outro recurso, temos visto freqüentemente nos tribunais a impetração do *writ* tanto para obter efeito suspensivo de recurso interposto, quanto para atacar o despacho que não admite o assistente de acusação, levando-se em conta que não há um recurso específico para tais situações, bem como não nos deparamos com a possibilidade de *habeas corpus*.

Vinculados os dois institutos como se mostram, eis que tutelam os direitos do indivíduo em face dos abusos de poder de autoridade, a diferenciação se nos parece tênue, eis que, nos casos em que não é cabível o *habeas corpus*, o mandado de segurança teria eficiência garantida como remédio constitucional.

---

[91] RANGEL, Paulo. Op. Cit., p. 679.

[92] Art. 15 da CF/88: "É vedada a cassação de direitos políticos, cuja perda ou suspensão só se dará nos casos de: (...) III – *condenação criminal transitada em julgado, enquanto durarem seus efeitos*; (...)" – (grifamos)

[93] RANGEL, Paulo. Op. Cit., p. 680.

6.3. O *habeas corpus* preventivo como tutela inibitória

Uma vez entendida a tutela inibitória como tutela preventiva, que "visa a prevenir o ilícito, culminando por apresentar-se, assim, como uma tutela anterior à sua prática, e não como uma tutela voltada para o passado",[94] estamos, com evidência, desconstruindo a idéia de que a única tutela contra o ilícito seria a tutela ressarcitória, ou seja, aquela de reparação do dano.

Toma lugar, no processo civil, a idéia de *ilícito e dano*, sendo admitida a tutela inibitória para coibir o ilícito de que seja praticado. Entretanto, entende-se que *a probabilidade do ilícito é, freqüentemente a possibilidade de dano, e, portanto, obtém-se a tutela inibitória independentemente da demonstração de um dano futuro*.

Delineadas essas primeiras idéias da tutela inibitória, embora utilizada somente no processo civil, vemos que *esta tutela preventiva encontra lugar no processo penal no momento em que pensarmos justamente sobre sua natureza preventiva*.

Ou seja, antes que ocorra a lesão, o dano, imperativo uma tutela de urgência que vise à conservação da integridade de direitos, que não poderão ser reparados, mesmo que não demonstrável o possível dano.

Encontramos, nesta linha, uma brecha para *incluirmos o habeas corpus preventivo como remédio a ser utilizado como tutela inibitória contra as medidas cautelares aplicáveis ao processo penal*.

Embora não exista uma discussão sobre o tema, até porque a tarefa de aproximação de conceitos do processo civil e do processo penal somente nos chama a atenção porque o trabalho visa, justamente, a atiçar uma crítica à idéia de uma teoria geral do processo, é interessante que se faça, então, já que se força a aplicação dos institutos de abreviação de procedimentos do processo civil ao processo penal, o inverso, ou seja, buscar nos institutos do processo civil aproximações que visem tutelar os direitos que possam ser atingidos por este processo de sumarização no/do processo penal.

Assim, cumpre retomarmos algumas idéias que cercam o *habeas corpus* de caráter preventivo, mostrando sua adequação como instrumento inibitório dos abusos decorrentes da iminência de sofrer violência ou coação ilegal na sua liberdade de ir e vir (art. 647 do CPP).

---
[94] MARINONI, Luiz Guilherme. Op. Cit., p. 26.

Já vimos o cabimento do *habeas corpus*, bem como sua natureza, sendo interessante, entretanto, analisar o que pode ser entendido pela "preventividade" atribuída a este instituto. A simples verificação da "iminência" de violência ou coação não nos parece um critério totalmente adequado para o exame da questão. Apesar de ter sido retirada tal limitação a partir da Constituição de 1946, admitindo-se, inclusive, a tutela mesmo em situações em que a prisão constitua evento apenas possível a longo prazo, é nosso dever irmos mais além, renovando nossas considerações sobre os princípios e garantias fundamentais do indivíduo.

É direito de todos, e garantia inerente ao Estado Democrático de Direito a preservação da dignidade da pessoa humana. Juntamente com a vida e a liberdade é tal princípio base fundamental das garantias e princípios que regem o processo. Assim, a "iminência" de violência ou coação somente poderá ser verificada no momento em que estiver prestes a ocorrer, não nos servindo, portanto, de tutela que vise coibir o ato atentório.

Também o estudo do princípio da presunção de inocência nos leva à mesma intenção de que ninguém poderá ser condenado (e, portanto, privado de sua liberdade), até que finda a instrução criminal com decisão transitada em julgado.

"Admite-se assim o remédio constitucional para o trancamento de ação penal, ou até de inquérito policial, mesmo que o acusado ou investigado não esteja preso ou com ordem de prisão expedida, pois a simples tramitação do procedimento penal já encerra, potencialmente, o risco de uma futura restrição à liberdade".[95]

Desta forma, antes que ocorra a violação à liberdade de locomoção é o instituto do *habeas corpus* preventivo instrumento hábil a deter tal violação, utilizando-se da idéia já estabelecida de uma tutela inibitória, devendo ser analisada, portanto, caso a caso.

---

[95] GRINOVER, Ada Pellegrini, GOMES FILHO, Antonio e FERNANDES, Antonio Scarance. *Recursos no processo penal*. 3. ed. São Paulo, Revista dos Tribunais, 2001. p. 347.

Parte III

A sumarização do/no Processo Penal

7. A cognição enquanto técnica e a sumarização do processo penal

O tempo e a sumarização no/do processo penal vêm nos oferecido diversas possibilidades de estudo, tanto no que diz respeito à crítica a uma teoria geral do processo quanto à inadequação da utilização dos institutos do processo cível na seara penal.

Em crítica direta ao processo de sumarização, tratamos então de defender:

1) a cognição plena enquanto técnica a ser utilizada para a solução do caso penal, vedada a abreviação dos procedimentos, a não ser que seja favorável ao réu/indiciado;

2) a impossibilidade da decretação das medidas cautelares não respaldadas pela Lei processual penal (recepcionadas, evidentemente pela Constituição).

Como já visto, o inquérito policial também é processo, porém de caráter administrativo. A necessidade de uma aproximação deste, agora visto como momento pré-processual tendo em vista um processo penal célere, porém garantista, leva-nos a tecer algumas considerações sobre a temática.

7.1. Procedimento administrativo pré-processual e procedimento judicial pré-processual

Uma vez já explicitados os institutos que cercam a sumarização no processo de forma geral, cabe-nos agora tratar de forma mais específica ao objeto de nosso estudo, qual seja, o processo penal frente a uma teoria geral do processo.

Para tanto, mister se faz uma aproximação do que entendemos por *momento pré-processual*, bem como a solução para evitar que se chegue até a elaboração de um processo penal.

Assim, utilizamo-nos dos termos escolhidos por Lopes Jr.,[96] que classifica o inquérito policial *como um procedimento administrativo pré-processual,* uma vez que é levado a cabo pela Polícia Judiciária, órgão vinculado à administração, desenvolvendo, por isso, tarefas de natureza administrativa.

Acrescenta ainda, que

"a atividade carece da direção de uma autoridade com *potestade* jurisdicional, não podendo ser considerada uma atividade jurisdicional e tampouco de natureza processual. As atividades de investigação e comprovação dos dados constantes na *notitia criminis* são tipicamente policiais, administrativas. Ainda mais quando o inquérito tem por base informações obtidas na tarefa de zelar pela segurança pública".[97]

Nesta linha, entendemos que no momento em que a instrução preliminar está a cargo de um órgão que pertence ao Judiciário, consideramos este procedimento como judicial pré-processual, pois a investigação é dirigida justamente com base no poder a ele dotado, exatamente por pertencer ao Poder Judiciário.

Entretanto, esta instrução preliminar, mesmo que dirigida por uma autoridade judiciária dotada de poder jurisdicional, não pode ser considerada como processo em sentido próprio, uma vez que carece de características essenciais da atividade puramente processual, potencialmente contrapostas, como o exercício de uma pretensão; existência de partes potencialmente contrapostas; da garantia de um contraditório e a existência de uma sentença, com a produção de coisa julgada.

1) Podendo iniciar de ofício ou mediante a *notitia criminis*, na instrução preliminar não falamos em partes, mas sim em sujeitos;

2) O contraditório, embora previsto constitucionalmente, inclusive nesta fase "pré"-processual, resta mitigado, sendo que as decisões ali existentes têm caráter apenas interlocutório, carecendo, portanto, de um efetivo comprometimento do poder jurisdicional;

---

[96] LOPES JR, Aury. Op. Cit., p. 33.
[97] Idem, p. 33.

3) Não há a formação do "jogo" processual, onde ambos os sujeitos interagem, ora atacando, ora reagindo, sendo sua finalidade apenas preparatória do processo ou do não-processo;

4) O "segredo" que permeia a instrução preliminar nos remete ao sistema inquisitivo, e são revestidos, predominantemente, da forma escrita e secreta.

A fim de se evitar a insuportabilidade de inquéritos, haja vista o incontável número de delitos que são cometidos diuturnamente, necessário se faz estabelecer, nesta fase pré-processual, um filtro, pelo qual determinadas condutas, muito embora passíveis de enquadramento criminal, à vista da sua superação enquanto delito pela própria sociedade, devem ser dispensadas do sistema investigatório.

Para tanto, ousamos dizer que para ocupar tal função destacamos a *necessidade da justa causa*. Entendemos ser a justa causa uma das condições da ação, cristalizamos seu caráter de imprescindibilidade, e damos a este instituto a função de legitimar a função penal.

Desta forma, ao se entender a justa causa como condição primeira para o exercício da ação penal, volta-se a afirmar da necessidade de prova induvidosa de uma conduta, em tese, delitiva e, no mínimo, fortes indícios, quase inabaláveis de sua autoria, sendo que a falta desta justa causa seria motivo primeiro não de absolvição, mas de rejeição da denúncia ou queixa, fundamentada na carência de ação.[98]

Em sendo tênue a linha entre a legalidade e a arbitrariedade, fixando-se a justa causa como filtro da fase pré-processual, busca-se uma maior efetividade das garantias do processo penal, para que não ocorra absurdos como o esculpido no art. 386, II, do CPP, que dispõe sobre a possibilidade de absolvição do réu nos casos em que não houver prova da existência do fato.

Ora, uma vez inexistente prova da existência do fato, como existir processo? Em juízos de verossimilhança, assim como se embasam as medidas cautelares?

Em procedimentos desta linha, em que primeiramente se instaura a ação penal para, somente após, perquerir-se da culpa, colher-se a prova da materialidade e da autoria, estamos, sem dúvida alguma, diante da arbitrariedade, que se protege de forma acintosa sob o manto da legalidade.

---

[98] ALBERTON, Cláudia Marlise da Silva. "Justa causa - elemento necessário à proposição da ação penal." *Revista de estudos jurídicos*, vol. 34, nº 91, 2001, p. 151-178.

7.2. O tempo pré-processual e suas conseqüências no processo

É de suma importância ressaltar que, muito embora ainda se tenha enraizado no pensamento moderno a idéia sobre a certeza e a segurança jurídicas das decisões judiciais, a própria aceleração das relações sociais traz consigo ("no vácuo"), a necessidade de uma maior velocidade nas respostas do Estado às demandas sociais.

Embora seja plenamente aceitável no âmbito do direito civil, na esfera penal, o processo de sumarização dos procedimentos é cercado por particularidades que impedem tal raciocínio, e a velocidade imprimida aos conflitos na área penal, inclusive no que antecede ao processo, necessário para a perfectibilização do direito material, traz consigo riscos que fogem ao controle do próprio Estado, e que, por conseqüência, devem ser observados com muita atenção.

A Convenção Americana sobre Direitos Humanos (Pacto de São José da Costa Rica), integrada no ordenamento brasileiro, impôs uma série de garantias processuais, que adquiriram índole e nível constitucional, cujo artigo 8º merece destaque e reflexão.[99]

---

[99] Dispõe o referido artigo:
"Art. 8º Garantias judiciais.
1 - Toda pessoa tem direito a ser ouvida, com as devidas garantias e dentro de um prazo razoável, por um juiz ou tribunal competente, independente e imparcial, estabelecido anteriormente por lei, na apuração de qualquer acusação penal formulada contra ela, ou para que se determinem seus direitos e obrigações de natureza civil, trabalhista, fiscal ou de qualquer outra natureza.
2 - Toda pessoa acusada de delito tem direito a que se presuma sua inocência enquanto não se comprove legalmente sua culpa. Durante o processo, toda pessoa tem direito, em plena igualdade, às seguintes garantias mínimas:
a) direito do acusado de ser assistido gratuitamente por tradutor ou intérprete, se não compreender ou não falar o idioma do juízo ou tribunal;
b) comunicação prévia e pormenorizada ao acusado da acusação formulada;
c) concessão ao acusado do tempo e dos meios adequados para a preparação de sua defesa;
d) direito do acusado de defender-se pessoalmente ou de ser assistido por um defensor de sua escolha e de comunicar-se, livre e em particular, com seu defensor;
e) direito irrenunciável de ser assistido por um defensor proporcionado pelo Estado, remunerado ou não, segundo a legislação interna, se o acusado não se defender ele próprio ou não nomear defensor dentro do prazo estabelecido por lei;
f) direito da defesa de inquirir as testemunhas presentes no tribunal e de obter o comparecimento, como testemunhas ou peritos, de outras pessoas que possam lançar luz sobre os fatos;
g) direito de não ser obrigado a depor contra si mesmo, nem a declarar-se culpado;
h) direito de recorrer da sentença para juiz ou tribunal superior.
3 - A confissão do acusado só é válida se feita sem coação de nenhuma natureza.
4 - O acusado absolvido por sentença passada em julgado não poderá ser submetido a novo processo pelos mesmos fatos.
5 - O processo penal deve ser público, salvo no que for necessário para preservar os interesses da justiça."

Em referido artigo, no item 2, *c*, temos que, durante o processo, é uma garantia mínima, assegurada a toda pessoa a "concessão ao acusado do tempo e dos meios adequados para a preparação de sua defesa". Vemos, aí, a contraposição entre garantias e velocidade. A garantia do *tempo* e meios adequados para se defender adquire relevância processual, chocando-se com a idéia de procedimentos abreviados na esfera penal.

Refletindo sobre a temática, interessante a posição defendida por Burgelin,[100] ao dispor, sinteticamente, que não se pode falar em uma aceleração de procedimentos sem que estejam consolidados e que sejam respeitadas as garantias do indivíduo, eis que não é pelo fato de ele estar sendo acusado de um delito que deixaria de ser um sujeito de direitos.

Bem lembra Salo de Carvalho,[101] que "menos burocracia – para ganhar-se velocidade, naturalmente – pode significar a supressão dos recursos: a superação da exigência de certas provas como, por exemplo, o exame de corpo de delito nos crimes que deixam vestígios; decisões sem motivações; e assim por diante."

E, seguindo o discurso do tempo, voltamos à temática que tanto nos preocupa, que é a da aplicação das medidas cautelares no processo penal. Muito embora não criem uma relação processual autônoma, entendemos pela existência de pretensão cautelar nos casos de requerimentos de prisão provisória, de aplicação de interdições de direitos e medidas de segurança, de seqüestro, de antecipação de provas previstas no código vigente.

Assim, não há dúvida, no nosso entendimento, de que *a prisão provisória em nosso direito tem natureza não somente acauteladora, destinada a assegurar a eficácia da decisão penal, assim como possibilitar a regular instrução probatória, mas de efetiva antecipação de pena*, uma vez que há uma antecipação dos efeitos da sentença condenatória, estando inclusive previsto no sistema instituto da detração penal (art. 42 do Código Penal).

Busca-se garantir, no processo, uma *finalidade hipotética* da jurisdição penal, que seria a *atuação da vontade da lei material*, através

---

[100] BURGELIN, Op. Cit., p. 40.
[101] CARVALHO, Salo de. "As reformas parciais no processo penal brasileiro: crítica aos projetos de informatização dos procedimentos e privatização dos conflitos" *Anuário do programa de pós-graduação em direito, mestrado e doutorado* - UNISINOS, 2001, p. 328.

das providências cautelares, para que os meios de que se deve servir ou a situação sobre a qual irá incidir não se modifiquem ou se tornem inúteis, antes ou durante o desenrolar do procedimento.

Ferrajoli, sobre a temática, bem assinala:

"La historia de la prisión cautelar del imputado en espera de juicio está estrechamente vinculada a la de presunción de inocencia, en el sentido de que los límites dentro de los que la primera ha sido admitida y practicada en cada ocasión siguen de cerca de los avatares teóricos y normativos de la segunda. Así sucedió que, mientras en Roma se llegó tras diversas alternativas a la total prohibición de la prisión preventiva, en el Edad Media, con el desarrollo del proceso inquisitivo, se convirtió en el presupuesto ordinario de la instrucción, basada esencialmente sobre la disponibilidad del cuerpo del acusado como medio para obtener la confesión 'per tormenta'. Y sólo volvió a ser estigmatizada en la época de la Ilustración, de forma simultánea con la reafirmación del principio 'nulla poena, nulla culpa sine iudicio' y el redescubrimiento del proceso acusatorio."

"Así, para Hobbes, la prisión provisional no es una pena sino un 'acto hostil' contra el ciudadano, como 'cualquier daño que se le obligue a padecer a un hombre al encadenarlo o al encerrarlo antes de que su causa haya sido oída, y que vaya más allá de lo que es necesario para asegurar su custodia, va contra la ley de naturaleza'. Para Beccaria, 'siendo una especie de pena, la privación de la libertad no puede preceder a la sentencia, sino en cuanto la necesidad obliga': precisamente, 'la simple custodia de un ciudadano hasta tanto sea declarado reo... debe durar el menos tiempo posible y debe ser la menos dura que se pueda'; y 'no puede ser más que la necesaria o para impedir la fuga o para que no se oculten las pruebas de los delitos'. Para Voltaire, 'la manera como se arresta cautelarmanete a un hombre en muchos estados se parece demasiado a un asalto de bandidos'. De forma análoga se pronunciaron Diderto, Filangieri, Condorcet, Pagano, Bentham, Constant, Lauzé di Peret y Carrara, denunciando con fuerza la 'atrocidad', la 'barbarie', la 'injusticia' y la 'inmoralidad' de la prisión provisional, reclamando su limitación, tanto en la duración como en los presupuestos, a las 'estrictas necesidades' del proceso".[102]

---

[102] FERRAJOLI, Luigi. Op. cit., p. 551-552. "A história da prisão cautelar do imputado na espera de julgamento está estreitamente vinculada à de presunção de inocência, no sentido de que os limites dentro dos quais a primeira tem sido admitida e praticada em cada ocasião seguem

É o entendimento de Domingues e Ramos Méndez:[103]

"Las medidas cautelares constituyen un remedio jurídico al problema de la forzosa lentitud del proceso. Como se ha dichó acertadamente, responden al compromiso entre hacer las cosas pronto y hacerlas bien. Siendo la dimensión temporal inmanente al propio concepto de proceso, debe encontrarse una solución que garantice que el objeto litigioso permanecerá inalterado durante toda la pendencia del mismo, y que, en definitiva, la sentencia que se ha dicho será una sentencia eficaz, por proyectarse sobre la misma realidad económica existente a la iniciación del proceso. Las medidas cautelares tienden esencialmente a garantizar la eficacia de la sentencia, mediante una anticipación limitada de los efectos normalmente derivados de su ejecución."

A liberdade provisória, sob este espectro, como bem coloca Afrânio Silva Jardim,[104] assume no processo penal pátrio a natureza de medidas de contracautela, vez que tem como finalidade diminuir a

---

de perto as bases teóricas e normativas da segunda. Assim sucedeu-se que, enquanto em Roma se chegou após diversas alternativas à total proibição da prisão preventiva, na Idade Média, com o desenvolvimento do processo inquisitivo, se converteu no pressuposto ordinário da instrução, embasada essencialmente sobre a disponibilidade do corpo do acusado como meio para obter a confissão 'per tormenta'. E só voltou a ser estigmatizada na época da Ilustração, simultaneamente com a reafirmação do princípio 'nulla poena, nulla culpa sine iudicio' e o redescobrimento do processo acusatório.
Assim, para Hobbes, a prisão provisória não é uma pena, senão um 'ato hostil' contra o cidadão, como 'qualquer dano a que se obrigue padecer um homem ao encerrá-lo antes que sua causa tenha sido ouvida, e que vá mais além do que é necessário para assegurar sua custódia, vai contra a lei da natureza'. Para Beccaria, 'sendo sempre uma espécie de pena, a privação da liberdade não pode preceder a sentença, senão enquanto a necessidade o obriga': precisamente, 'a simples custódia de um cidadão até que seja declarado réu... deve durar o menor tempo possível e deve ser da forma menos dura que se possa'; e 'não pode ser mais do que a necessária ou para impedir a fuga ou para que não sejam ocultadas as provas dos delitos'. Para Voltaire, 'a maneira como se arresta cautelarmente a um homem em muitos estados se parece demasiado a um assalto de bandidos'. De forma análoga se pronunciaram Diderto, Filangieri, Condorcet, Pagano, Bentham, Constant, Lauzé di Peret e Carrara, denunciando com força a 'atrocidade', a 'barbárie', a 'injustiça' e a 'imoralidade' da prisão provisória, reclamando sua limitação, tanto na duração como nos pressupostos, às 'estritas necessidades' do processo." Tradução da autora.

[103] *Apud* JARDIM, Afrânio. Direito processual penal. p. 246. "As medidas cautelares constituem um remédio jurídico ao problema da forçosa lentidão do processo. Como foi dito acertadamente, respondem ao compromisso entre fazer as coisas ligeiro e fazê-las bem. Sendo a dimensão temporal imanente ao próprio conceito de processo, deve-se encontrar uma solução que garanta que o objeto litigioso permanecerá inalterado durante toda a pendência do mesmo, e que, definitivamente, a sentneça que foi dada será uma sentença eficaz, por projetar-se sobre a mesma realidade econômica existente à iniciação do processo. As medidas cautelares tendem essencialmente a garantir a eficácia da sentença, mediante uma antecipação limitada dos efeitos normalmente derivados de sua execução." Tradução da autora.

[104] JARDIM, Afrânio. Op. cit., p. 250.

probabilidade de prejuízo ao acusado provisoriamente preso, em caso de procedência da pretensão punitiva do Estado.[105]

Muito embora não seja do nosso agrado comparar os institutos das medidas cautelares do processo civil com o processo penal, tendo em vista a nossa sincera crítica às teorias de unificação dos processos, é interessante uma visualização das mesmas à luz do processo civil, eis que bem mais trabalhado por nossos juristas pátrios.

Podemos dispor tais características na seguinte ordem:

a) *acessoriedade*: em razão de o processo ou medida cautelar encontrar-se sempre vinculado ao resultado do processo principal;

b) *preventividade*: vez que se destina a prevenir a ocorrência de danos enquanto o processo principal não chega ao fim;

c) *instrumentalidade hipotética*: a tutela cautelar pode incidir em sem que seu beneficiário, ao final do processo principal, tenha efetivamente reconhecido o direito alegado, que surge apenas como viável ou provável;

d) *provisoriedade*: sua manutenção depende da persistência dos motivos que evidenciar uma urgência da medida necessária a tutela do processo.

Tratando-se de medida cautelar, da mesma forma encarrega-se parte da doutrina da exigibilidade dos pressupostos *fumus boni iuris* e *periculum in mora*, difundidos amplamente nas medidas cautelares da esfera civil para obtenção da tutela antecipada.

---

[105] É Burgelin, novamente, quem enriquece nosso estudo, ao que pertine à prisão provisória: "Attandons-nous sur le régime du placement em détention provisoire. Même si nos textes en font une mesure exceptionnelle qui doit être motivée par le juge qui la prononce après um débat contradictoire, il n'en demeure pas moins que celle-ci reste illimitée en matière criminelle sous la seule réserve d'être, depuis la loi du 8 juillet 1989, maintenue tous les ans après débat contradictoire.
Or, la convention européenne des droits de l'homme prévoit dans son article 5, alinéa 3: 'toute personne arrêtée ou détenue a le droit d'être jugée dans un délai raisonnable ou libérée pendant la procédure'. L'application de cette disposition et la jurisprudence dégagée par la Cour européenne des droits de l'homme a provoqué la condamnation récente de la France à plusieurs reprises, notamment dans l'affaire *Tomasi* où la durée de la détention provisoire était de 5 ans et 7 mois." (Op. Cit, p. 34)
Continua, ainda, o autor, que "Si la détention se prolonge, outre la nécessité d'une persistance de raisons plausibles de soupçonner la personne arrêtée d'avoir accompli une infraction, il faut que des motifs pertinents et suffisants, non émoussés au fil du temps, continuent de légitimer l'incarcération et que l'obligation de diligence, propre à la procédure pénale, soit respectée." (Idem, p. 35)

Fumus boni iuris: atrelado à existência material da infração, bem como a um indício mínimo de autoria. Itens que se encontram ainda na fase de inquérito policial, cabe ao juiz verificar do seu cabimento à luz dos princípios que cercam a teoria do delito, pois são requisitos estes também que justificam a justa causa para a proposição da ação penal.

Periculum in mora: o perigo da demora encontra-se exigido pelo legislador pátrio quando se refere à decretação da prisão preventiva para garantia da ordem pública ou para a assegurar a aplicação da lei penal.

Cumpre agora ter uma visão genérica desse instituto das medidas cautelares, com uma breve exposição de suas espécies mais conhecidas.

1) *Prisão temporária:* criada pela Lei 7.960/89 com a finalidade de banir a prisão para averiguações, objetiva a decretação da prisão pelo juiz por 5 dias, prorrogáveis por igual período, desde que comprovada sua necessidade. Deverá, entretanto, ser imediatamente posto em liberdade o acusado se, após o prazo, não tiver ainda sido decretada sua prisão preventiva.

O prazo, entretanto, estende-se para 30 dias, prorrogáveis por mais 30, para a prisão temporária no caso de prática de crimes hediondos, de tortura, tráfico ilícito de entorpecentes e drogas afins e terrorismo, consoante ao disposto no art. 2º, *caput* e § 2º da Lei 8.072/90.

Acompanhamos séria crítica a tal instituto, pois sendo o inquérito policial fase meramente administrativa da *persecutio criminis*, procedimento inquisitivo, sem que haja o direito ao contraditório e à ampla defesa, bastam os argumentos do presidente do inquérito para o convencimento do juiz.

2) *Prisão em flagrante:* é outra modalidade das mais conhecidas no âmbito das medidas cautelares, representando verdadeira exceção à regra de que ninguém será preso senão por ordem escrita e fundamentada de autoridade judiciária competente, como se constata pelo inciso LXI do art. 5º de nossa Carta Política.

É, última análise, a própria expressão do poder Estatal, iniciando inclusive a persecução penal, além de ser uma 'resposta' imediata ao agente pelo delito cometido, estando previsto no artigo 302 do CPP, em seus incisos define a ocorrência do flagrante próprio (incisos I e II), impróprio (inciso III) ou o presumido (inciso IV). São duas, portanto, as justificativas para sua existência: a reação social com conseqüente atuação Estatal e a captação de prova do delito (materialidade e autoria).

É interessante, entretanto, a redação dos artigos que regulam a prisão em flagrante, pois uma vez homologada a prisão e não concedendo o juiz a liberdade provisória ao acusado, optando em manter a prisão, já não o faz porque mantém a prisão em flagrante, mas por achar estar presentes os autorizativos da prisão preventiva. Caso contrário, ouvido o Ministério Público, deverá lhe conceder liberdade provisória, submetendo-o ao comparecimento a todos os atos do processo, sob pena de revogação da medida.

A terminologia "pode" inserida no parágrafo único do art. 310 do Código de Processo Penal pela Lei 6.416/77 não deve ser interpretada pelo juiz como mera faculdade, mas ação cogente, um dever do magistrado, já que a regra passou ser a defesa em liberdade, em sintonia ao que estabelece nossa Carta Magna em seu art. 5º, LXVI: "ninguém será levado à prisão ou nela mantido, quando a lei admitir a liberdade provisória, com ou sem fiança", consubstanciado pelo parágrafo único do art. 310 do CPP.

3) *Prisão preventiva:* tida como a mais importante das cautelares de restrição à liberdade, para sua adoção, necessária a satisfação, por completo, dos pressupostos cautelares *fumus delicti* (prova de existência do crime e indício suficiente de sua autoria) e do *periculum libertatis* (garantia da ordem pública, conveniência da instrução criminal ou assegurar a aplicação da lei penal) presentes no *caput* do art. 312 do CPP.

Não cabendo, entretanto, esta medida cautelar nas hipóteses de crime culposo, contravenção penal e crimes em que o réu se livre solto, independente de fiança, pode ser a prisão preventiva decretada em qualquer fase do inquérito policial ou da instrução criminal (art. 311 do CPP).

Em exame aos pressupostos cautelares da prisão preventiva, temos que *o primeiro elemento está, seguindo a idéia do eficientismo, na garantia da ordem pública, visando a evitar que o autor venha a cometer novos crimes. A imediata resposta à sociedade por parte do Estado, reprimindo a atividade delitiva, se associa a esse pressuposto.*

Também pode ser decretada a prisão preventiva como "garantia da ordem econômica, por conveniência da instrução criminal, ou para assegurar a aplicação da lei penal, quando houver prova de existência do crime e indício suficiente da autoria" (art. 312 do CPP).

Nos casos de decretação da prisão preventiva por conveniência da instrução criminal, o que se busca proteger é a própria persecução penal, uma vez que a manipulação das provas e testemunhas, além da interferência nas investigações, são medidas que acabam por prejudicar o justo processo penal

De perigosa índole, somente deveria ser decretada sob esta justificativa no momento em que houvesse um efetivo receio e uma comprovação da atividade do réu em conturbar a investigação criminal.

Para a garantia da lei penal, embora seja um consenso doutrinário sua importância e necessidade, vemos como uma total incongruência e negação ao princípio da presunção da inocência. Em sendo o objetivo do processo em andamento a elucidação dos fatos, para uma posterior aplicação da pena, se cabível ao caso, somente seria possível assegurar a aplicação desta mesma pena no momento em que a sentença penal condenatória transitasse em julgado.

Bem coloca Ferrajoli que a hipótese ventilada de uma prisão *ante iudicium*, pouco importando o fim para o qual foi associada, choca-se frontalmente com o princípio da jurisdicionalidade, que consiste, segundo seu entendimento, não apenas no poder do indivíduo ser detido pela ordem de um juiz, porém sê-lo apenas com base em um juízo.

"Por otra parte, todo arresto sin juicio ofende el sentimiento común de la justicia, al ser percibido como un acto de fuerza y de arbitrio. No existe, en efecto, ninguna resolución judicial y tal vez ningún acto de poder público que suscite tanto miedo e inseguridad y socave tanto la confianza en el derecho como el encarceramiento de un ciudadano sin proceso, en ocasiones durante años. [...]"

"El interrogante que debemos volver a plantear es entonces si la prisión preventiva es verdaderamente una 'necesaria injusticia', como pensaba Carrara, o si en cambio es sólo el producto de una inconfesada concepción inquisitiva del proceso que quiere al imputado confesada concepción inquisitiva del proceso que quiere al imputado en situación de inferioridad respecto de la acusación, inmediatamente sujeto a pena ejemplar y sobre todo, más allá de las virtuosas proclamaciones contrarias, presunto culpable. Este interrogante debe ser afrontado sobre todo desde el punto de vista externo, prescindiendo de lo que dice la Constitución consiente es también justo e incontestable. Y debe ser afrontado, en segundo lugar, desde el punto de vista interno o constitucional, poniendo en relación la prisión preventiva no sólo con la presunción de no culpabilidad sino también con el conjunto de las demás garantías penales y procesales establecidas por la Constitución y violadas directa o indirectamente por aquélla".[106]

O pressuposto do *fumus delicti* está claro no próprio artigo 312, que determina a necessidade de prova de *existência do crime e indício suficiente da autoria*.

Como *primeiro elemento* deste pressuposto espera-se a *materialidade do crime*; a conduta típica. Entretanto, a mera existência de uma conduta típica, como bem sabemos, não basta para configurar-se o crime, sendo necessária também a existência da antijuridicidade, excluindo-se, da mesma forma, todas as hipóteses excludentes de ilicitude (art. 23 do CPB), quais sejam: estado de necessidade; legítima defesa; estrito cumprimento de dever legal ou no exercício regular de um direito.

Neste ponto, nevrálgico o perigo que existe na decretação da medida cautelar sem a devida análise de tais circunstâncias, à vista da precariedade das provas disponíveis no momento de sua decretação. Identificar, sem o devido processo legal com o direito ao contraditório e à ampla defesa, que o fato típico praticado pelo autor não está envolto em qualquer causa de exclusão de ilicitude não é tarefa simples, e ante a impossibilidade do juiz verificar tais ocorrências, deverá ele imaginá-las, em juízo de possibilidade, para atender ao disposto no art. 314 do CPP. E até que ponto isso é possível e qual a margem de segurança que tal raciocínio emprega são questões que exigem do magistrado o uso de seu raciocínio cognitivo e atuação discricionária.

---

[106] FERRAJOLI, Luigi. Op. cit., p. 555-556. "De outro lado, todo arresto sem julgamento ofende o sentimento comum da justiça, ao ser percebido como um ato de força e de arbítrio. Não existe, na verdade, nenhuma resolução e talvez nenhum ato de poder público que suscite tanto medo e insegurança e socave tanto a confiança em que o direito como o encarceramento de um cidadão sem processo, em ocasiões durante anos. (...)
A interrogação que devemos voltar a visualizar é então se a prisão preventiva é verdadeiramente uma 'necessária injustiça', como pensava Carrara, ou se em troca é só o produto de uma inconfessada concepção inquisitiva do processo que quer ao imputado confessada concepção inquisitiva do processo que quer ao imputado em situação de inferioridade com relação à acusação, imediatamente sujeito à pena exemplar e sobretudo, mais além das virtuosas proclamações contrárias, presumido culpado. Essa questão deve ser afrontada sobretudo desde o ponto de vista externo, prescindindo do que diz a Constituição, consciente é também justo e inconstetável. E deve ser afrontado, em segundo lugar, desde o ponto de vista interno ou constitucional, colocando em relação à prisão preventiva não somente com a presunção de não culpabilidade senão também com o conjunto das demais garantias penais e processuais estabelecidas pela Constituição e violadas direta ou indiretamente por aquela." Tradução da autora.

A mesma dúvida cerca os *indícios suficientes da autoria*. Os indícios suficientes estão ligados necessariamente ao mínimo necessário para o convencimento do magistrado. Entretanto, estamos diante de dois conceitos lógico-aritméticos, de possibilidade e probabilidade. Pelo critério da probabilidade ainda é possível ao juiz determinar a implantação de tal medida, o mesmo não sendo possível com a simples probabilidade de uma autoria, pois, de caráter lógico, porém de cognição subjetiva, os ditos indícios, como não precisam nada mais do que serem "suficientes" para admitir-se a autoria, precisam estar justificados para a decretação da medida, uma vez já observado o pressuposto anterior da existência do crime.

Deve, enfim, ser *proporcional*. Os mesmos requisitos que demandam contra um suposto criminoso podem não demandar contra outro. As lições do Marquês de Beccaria no custo de sua liberdade, nos ensinam sobre a proporcionalidade das penas e das medidas de coercibilidade ante aos diversos fatos típicos de nosso diploma legal. Ensinou-nos ainda que o cárcere, por sua natureza penosa, dever durar o menor tempo possível.

Inexistindo tais pressupostos, estamos diante de evidente ilegalidade, que tem como remédio unicamente a interposição da ação de *habeas corpus*.

De extrema relevância, a prisão em virtude de decisão condenatória recorrível também possui natureza cautelar, e objetiva resguardar o resultado em definitivo do processo, face ao provável perigo de fuga, para se eximir da aplicação da sanção penal que em primeiro grau já lhe fora imposta.

O princípio da presunção de inocência termina com a sentença condenatória, tendo sido tal entendimento inacreditavelmente sumulado pelo Superior Tribunal de Justiça em ementa de nº 9: "a exigência da prisão provisória, para apelar, não ofende a garantia constitucional da presunção de inocência."

No nosso entendimento, a forma como está prevista o art. 594 do CPP atenta não só contra a presunção de inocência como ao duplo grau de jurisdição, ambos princípios previstos na Constituição pátria, e que não poderiam ser preteridos à vista do texto normativo de inferior escala, não restando dúvidas, portanto, de uma verdadeira situação de perigo na falta de critérios mais eficientes para a implantação da medida.

4) *Prisão decorrente de pronúncia:* prevista no ordenamento do júri, que não nos parece de todo lógica, uma vez que, a simples pronúncia não se trata de um juízo de condenação, mas mera admissibilidade da acusação.

Ainda, bem resume Afrânio Silva Jardim[107] ao dispor que

"os institutos da prisão em flagrante e da prisão preventiva já satisfazem perfeitamente, atendendo à necessária proteção social. Vale dizer, se o acusado estivesse preso, a manutenção ou não de sua custódia cautelar deveria ser regulada exclusivamente pelas hipóteses de liberdade provisória ou revogação da prisão preventiva. Se estivesse solto ao ser pronunciado, é porque a sua prisão preventiva ou em flagrante não se teria feito necessária, e solto deveria continuar até que ocorressem os requisitos do art. 312."

Assim, analisadas individualmente as medidas cautelares no processo penal, parece-nos evidente que se trata, efetivamente, de decisão discricionária, onde o único amparo que temos para sua legitimação é o dever constitucional de motivação, onde o convencimento quanto à necessidade e conveniência, além dos requisitos legais, devem ser claramente demonstrados.

Ainda, cabe às autoridades judiciais questionar da efetiva necessidade de uma medida tão extremada, e perigosa, adotando-a de forma subsidiária, como *ultima ratio*, devendo ser evitada a todo custo, à vista do seu caráter de punição antecipada, uma vez que uma medida cautelar jamais pode ter como finalidade a punição do acusado, fim este exclusivo da sanção penal.

7.3. O tempo no processo penal e a função garantista

Pensar o tempo no processo penal exige de nós, primeiramente, pensar na condição em que transpomos o conceito de tempo ao próprio direito. Tendo em vista que o direito leva, consigo, o caráter de estrutura de expectativas, é interessante neste tópico lembrar alguns conceitos luhmannianos, para quem a discussão em torno da idéia de tempo está implícita na própria noção de sistema jurídico. Para Luhmann:

---

[107] JARDIM, Afrânio. Op. Cit. p. 254.

"A estreita relação entre o direito e o tempo já se insinua na normatividade enquanto transposição temporal, e até mesmo já no caráter do direito enquanto estrutura de expectativas – mas apenas se insinua, permanecendo inicialmente impenetrável. A expectativa contém um horizonte futuro da vida consciente, significa antecipar-se ao futuro e transcender-se além daquilo que poderia ocorrer inesperadamente. A normatividade reforça essa indiferença contra eventos futuros imprevisíveis, busca essa indiferença tentando assim desvendar o futuro. O que acontecerá no futuro torna-se a preocupação central do direito. Quanto futuro será necessário para que se possa viver sensatamente no presente, isso constitui uma variável essencialmente evolutiva, e aí reside o ponto onde as mudanças nas necessidades sociais invadem o direito".[108]

E, seguindo as idéias por ele postuladas, somente é possível compreender a positividade, ou seja, o princípio da variabilidade estrutural do direito, quando visualizamos o presente como conseqüência do futuro; como decisão.

Ainda de acordo com Luhmann, o tempo pode ser imaginado como um esquema infinito da complexidade do mundo, residindo nele, ao mesmo tempo, a possibilidade de 'descolar' o futuro dos acontecimentos passados e dos acervos que sempre acompanham o presente em permanente progressão.

Entendendo o tempo sempre como possuidor de uma história já coletada, mesmo assim ele não tem o condão de fixar, por si só, o futuro, deixando-o em aberto, e aumentando, portanto, o número de possibilidades que nunca puderam se tornar presentes e, com isso, passado. "Tendo em vista um futuro em aberto, porém, o presente evidencia-se ao mesmo tempo como seleção entre outras possibilidades que o futuro tinha indicado".[109]

E o passado, muito antes de ser descartado, adquire outro significado no sistema jurídico, não estabelecendo a necessidade de sua permanência, uma vez que se apaga a idéia conservadora de que o antigo normalmente é melhor do que o novo, produzindo, na verdade, "um efeito de ordenamento que – dentro de limites variáveis – continua imprescindível, pois ninguém pode mudar tudo ao mesmo tempo". O

---

[108] LUHMANN, Niklas. *Sociologia do Direito II*. Tradução de Gustavo Bayer. Rio de Janeiro, Tempo Brasileiro, 1985, p. 166.
[109] Idem, p. 168-169.

passado surge, agora no presente como *status quo* dos sistemas, do qual tem que partir qualquer mudança significante, enquanto aspecto não mais evitável do futuro. Toda inovação tem que se acoplar ao já existente, já conhecido, não modificado."

Assim, o direito se faz conjuntamente com o tempo, e as mudanças que ele agrega à sociedade e à transmutação de valores antes inexistentes. A positivação, então, não se faz apenas com a imposição normativa, mas inclusive com a adotação de procedimentos que possam dar eficácia às normas.

Como bem observa Cristiano Paixão Araujo Pinto:

"Como o mero recurso à legislação não é suficiente para resolver problemas jurídicos – e isso foi observado no estudo da inclusão da idéia de produção de legislação como rotina dos Estados modernos –, o sistema jurídico precisa operar mediante conceitos como "dogmática" e critérios como a casuística oriunda das interpretações sucessivas emitidas pelas cortes de justiça".[110]

E, em se tratando de direito penal, temos que o mesmo diz respeito à restrição de direitos e/ou liberdades individuais pela prática de condutas preestabelecidas, com sanções pré-cominadas em uma legislação aprovada, vigente e aplicável. Assim, por definição de crime temos a conduta típica, antijurídica e culpável. Fácil seria tomar a decisão em matéria penal se tal atividade fosse simplesmente resumida à atividade judiciária de, após analisar o caso concreto, ver se este se subsume à norma codificada, e aplicar a sanção nela existente.

Entretanto, o Direito Penal, por sua natureza, impossibilita o rigorismo tipológico a que se propõe, ensejando larga margem de apreciação judicial, devendo a verificação dos fatos não se ater à subsunção lógica dos fatos ao tipo penal, senão a uma apreciação decorrente da realidade, a qual propicia poderes efetivos ao juiz, que longe da arbitrariedade, tem em suas mãos a discricionariedade, ou seja, o poder de decidir de acordo com um caso que se apresente, frente a um sistema que envolve contingências e complexidades, em uma sociedade em permanente evolução.

Ricardo Antunes Andreucci, ao abordar o tema, discorre que:

"A problemática da discricionariedade não é nova, tendo-se questionado a sua distinção do princípio da vinculação; o seu atrela-

---

[110] PINTO, Cristiano Paixão Araújo. *Modernidade, tempo e direito*. Belo Horizonte, Del Rey, 2002. p. 266.

mento, ou não, a pressupostos legais, com referência ao interesse público; a sua definição como liberdade de escolha dos escopos, como livre escolha de motivos; distinguindo-se entre a discricionariedade livre e vinculada e a discricionariedade pura e técnica; ou, a partir de outra visualização, como limitada liberdade de decisão ou como arbítrio; como um genérico poder de indulgência; como um poder de escolha vinculado ou livre, conforme o caso; como resultante da indeterminação do tipo; como forma de heterointegração ou de tipicidade 'per relationem', representando um método indireto de descrição do crime".[111]

Estamos diante, efetivamente, de uma problemática em torno da decisão, e isso se torna cada vez mais evidente na medida em que existe uma clara distinção entre legislação e jurisprudência, sendo esta última, na verdade, uma adequação da primeira ao fato concreto. A função do juiz seria então, não apenas de interpretar a lei genérica e a possibilidade de sua aplicação ao caso particular, mas, em não havendo essa "ligação direta", criar novas possibilidades de solução.

Luhmann, ao falar sobre o processo de decisão judiciária, alerta que o juiz terá que encontrar as regras gerais para suas decisões, uma vez que nem toda situação já está regrada pelo ordenamento jurídico.

"O decisivo é que apenas o juiz se vê confrontado com situações repetidas, tendo que decidir de forma repetidamente igual quando se apresentam premissas idênticas. O juiz submete-se ao princípio da igualdade de forma diferente que o legislador: ele não só tem que tratar igualmente as mesmas condições, mas também decidir da mesma forma os casos iguais. Com cada decisão ela se ata a casos futuros, e ele só pode criar um direito novo na medida em que reconheça e trate novos casos como constituindo casos diferentes. Ele formula as premissas da decisão na perspectiva daquele que as interpreta e aplica, não na perspectiva daquele de delas dispõe apenas imediatamente. Para tanto ele pode criar conceitos utilizáveis genericamente. Toda proclamação judicial de princípios jurídicos de vigência genérica é, no entanto, perigosa, pois leva a determinações rígidas, dificilmente retratáveis, o que é arriscado principalmente no contexto rapidamente mutável da sociedade moderna".[112]

---
[111] ANDREUCCI, Ricardo Antunes. *Direito penal e criação judicial*. São Paulo, RT, 1989, p. 59.
[112] LUHMANN, Niklas. Op. cit., p. 35-36.

Toda decisão é um risco, e a abreviação desta aumenta, proporcionalmente, o mesmo. Assim, a ligação existente entre tempo, direito e processo penal, exige também um estudo mais aprofundado de como se dá a cognição processual, buscando, em suas origens, o motivo pelo qual defendemos a manutenção da técnica de cognição plena em contraposição à sumária como necessária na esfera processual penal.

Kazuo Watanabe, no tópico, oferece-nos de forma esclarecedora, a compreensão histórica da cognição que se apresenta importante para o desenvolvimento do tema em análise.

Lembra o autor que, do ponto de vista histórico, no direito romano, a expressão "cognitio"[113] apareceu a partir de Cícero, significando a percepção e o acertamento dos fatos e sua relevância jurídica, como premissa de um provimento que alguém é solicitado a emitir, passando o termo por uma evolução sensível com o passar do tempo, porém sempre estando ligado ao conhecimento de fatos, incluindo-se a atividade cognitiva e valorativa do pretor no período "per formulas" ou do formulário.

A dificuldade, entranto, está em definir quando a *cognitio* passa a designar o procedimento todo,[114] nele compreendido o ato decisório que o conclui, e de modo específico só os procedimentos que hoje qualificamos de jurisdicionais (em matéria cível e penal).

O pretor concordava com o *iudicium* não somente quando encontrava a correspondência da fórmula pedida em concreto com um dos esquemas editais ou com os princípios do direito vigente, mas também quando considerava justo e oportuno, de sorte que ele podia *non dare* ou *denegare* um *iudicium* desejado, com base em princípios vigentes.

Também o *juiz* aparece nas fontes como sujeito de um *cognocere*. Vinculado à fórmula e somente a mesma podia conferir-lhe esfera mais ou menos ampla de avaliação discricionária; na época clássica, tudo se resolvia pelo conteúdo da fórmula, segundo ela pusesse o juiz diante da simples alternativa de responder sim ou não ("si paret condemnato, se non paret absolvito"), ou deixasse a liberdade de determinar a

---

[113] Verbete "Cognitio". Novíssimo digesto italiano *in* WATANABE, Kazuo. *Da cognição no processo civil*. 2. ed., São Paulo, Central de Publicações Jurídicas, CBEPJ, 1999. p. 53-57.

[114] Acrescenta, ainda, o autor, que o alargamento do significado de *cognitio*, a ponto de abranger o processo todo, coincide com o surgimento e desenvolvimento, durante o principado, de novos institutos processuais, que a doutrina romanística costuma denominar *extra ordinem* e que permitiam a decisão direta de uma controvérsia ou a aplicação direta de uma pena da parte do imperador, do Senado, dos magistrados ou de funcionários imperiais.

medida de quanto o autor pretendesse através da *intentio incerta*, cuja elasticidade podia ainda ser acrescida com a invocação da *sides bona*, ou lhe permitisse graduar, com base em critério próprio, a medida da condenação do réu através da *condemnatio in bonum et aequum*.

A princípio o magistrado decidia discricionariamente, à luz das circunstâncias, quanto à oportunidade e ao teor específico do provimento: depois, fixados os tipos através da praxe, inseria no Edito os esquemas dos provimentos, limitando a própria discricionariedade, ainda que não a anulasse por inteiro; tornou-se, então, objeto da *cognitio*, sobretudo o acertamento dos pressupostos aos quais a cláusula edital subordinava a emissão do provimento.

O significado mais amplo, e de certo modo mais técnico da *cognitio* foi atingido com a instituição de novos procedimentos, tanto em matéria civil como em matéria penal, depois do início do principado. Em matéria civil, quando não ocorria o acordo das partes, nem sua presença contemporânea em juízo, as características dos procedimentos consistiam em tornar possível uma sentença. O próprio magistrado ou funcionário imperial podia também examinar o mérito da causa e pronunciar a decisão. Essa possibilidade influiu na adoção do termo *cognitio* em sentido mais amplo e mais específico.

Historicamente, porém, houve uma involução do processo *per formulas* e sua final absorção pelo novo procedimento, tornando o termo *cognitio* praticamente como sinônimo de *judicium* e de *causa*, permanecendo, contudo, em *cognitio* a alusão ao aspecto cognoscitivo e acertativo da atividade judiciária.

Vemos, modernamente, que *o termo cognição é utilizado tanto para designar a atividade do juiz quanto o próprio processo, além, é claro, de também indicar a natureza da atividade do órgão judiciário.*

A cognição, podemos resumidamente colocar, é um ato de inteligência, lógico, portanto, que consiste na consideração, análise e valoração de alegações e provas produzidas pelas partes.

A "lógica", aqui defendida se extravasa através da motivação inerente à decisão, onde se verificará se houve tal processo de cognição de forma global no processo.

Quando é feita uma tomada de decisão, deixa-se de escolher todas as demais e, é certo e comprovado que o magistrado, ao decidir, apenas afirma uma convicção inicial do que ele "sentiu" no processo, lançando tal sentimento através de uma adequação normativa também pré-existente, adaptável ao caso em questão.

A motivação, como vimos, serve não somente como garantia das partes, mas como verdadeiro critério de dissonância cognitiva, para auxiliar o magistrado a crer que a sua decisão não foi somente a "melhor" decisão, mas a "única" possível e mais justa naquela situação, após um processo de plena cognição.

É o que também nos diz Watanabe, ao constatar que

"na verdade, o que ocorre na maioria das vezes é o juiz sentir primeiro a justiça do caso, pelo exame das alegações e valoração das provas, e depois procurar os expedientes dialéticos, que o caso comporta e de que ele é capaz, para justificar a conclusão. E nesse *iter*, embora predominantemente lógico, entram também inúmeros outros fatores, como o psicológico, volitivo, sensitivo, vivencial, intuitivo, cultural, e outros mais, como ficou bem claro na observação de Liebmann, acima mencionada, e é ressaltado também por Couture".[115]

No processo penal, vemos a relevância de se utilizar uma técnica de cognição plenária ao tratar de garantias como o direito de defesa, componente necessário do "devido processo legal"; sendo a obrigatoriedade da motivação, como observa Taruffo, efetiva garantia de seu controle, não no sentido de que as partes de fato tiveram, ou não, a possibilidade de valer-se de todos os instrumentos postos à sua disposição pelo sistema processual para o idôneo exercício de suas razões, mas sim "specialmente il fatto che il giudice abbia preso adeguatamente in considerazione le istanze e le allegazioni in cui l'esercizio del diritto di difesa si è in concreto manifestato".[116]

Entendendo o processo como um efetivo instrumento de tutela dos direitos, ou, na linguagem por nós adotada, um instrumento de garantias, essa instrumentalidade somente se dá no momento em que se efetiva o poder fiscalizador do processo de que sejam oferecidos aos sujeitos todos os meios necessários e posssíveis ao amparo do indivíduo (seus direitos e interesses) contra qualquer forma de manifestação arbitrária por parte do Estado, seja em forma de violação ou ameaça de ofensa, ou mesmo, denegação de justiça.

---

[115] WATANABE, Op. Cit., p. 60-61.
[116] Idem, p. 67-68.

8. Limites constitucionais à sumarização no processo penal

Temos no processo civil e, com mais força vinculativa, no processo penal, uma série de princípios e garantias que devem ser observados, sob pena de desbordarem-se os limites constitucionais à proteção dos indivíduos exercida pelo Estado através do Poder Judiciário.

Os aspectos controvertidos da sumarização no processo penal estão vinculados principalmente à falta de uma sistematização própria na esfera penal, sendo aplicadas as mesmas idéias dos institutos do processo civil, o que se torna especialmente perigoso quando se mistura a lide do processo civil, que corresponde sobre um litígio sobre bens disponíveis com a idéia do caso penal, no qual a liberdade é o objeto que está em jogo.

Para analisarmos e defendermos nosso posicionamento, necessário, por evidente, que nos detenhamos em um estudo mais detalhado sobre as garantias e os limites constitucionais à sumarização no processo penal, para podermos, por fim, analisar o presente estudo do ponto de vista do garantismo jurídico.

8.1. As garantias no processo penal

O postulado da plenitude da ordem jurídica pelo qual o direito positivo é capaz de oferecer modelos para solucionar os litígios não se sustenta frente à necessidade de atualização à situação posta em exame. Desta forma, não apenas no plano do direito material, mas também no plano processual, o sistema normativo não oferece elementos suficientes de trabalho.

Frente à prevalência dos direitos fundamentais, as garantias deles decorrentes somente encontramos quando utilizando a norma jurídica como instrumento adequado pelos princípios. *A principiologia, portanto, é instrumento desvelador do processo, possibilitando a atualização e contextualização necessária no caso concreto.*

Muito embora já tenhamos abordado de forma genérica os princípios gerais aplicados ao processo, interessante, neste momento, um estudo reflexivo com enfoque exclusivo às garantias do processo penal.

No entender de Ferrajoli, há também nexos estruturais e funcionais nos sistemas de garantias penais e processuais:

"Entre los dos sistemas de garantías existen nexos tanto estructurales como funcionales. Las garantías penales, al subordinar la pena a los presupuestos sustanciales del delito – lesión, acción y culpabilidad en el que resulten aseguradas al máximo la imparcialidad, la veracidad y el control. Por eso las garantías procesales, y en general las normas que regulan la jurisdicción, se llaman también 'instrumentales' frente a las garantias y a las normas penales, designadas en cambio como 'sustanciales'".[117]

Assim, conclui o autor que tanto as garantias penais como as processuais valem não somente por si mesmas, senão também umas e outras como garantia recíproca de sua efetividade, isto porque existe uma permanente conexão entre esquemas e culturas penais e processual-penais.[118]

Tem-se dito que a justiça e o grau de cultura de um povo se mede, sobretudo, pelo modo com que se salvaguardam os direitos e as liberdades imputadas no processo penal. A colocação feita por Jean Domenico Pisapia se coloca necessária quando desejamos destacar os princípios como elementos fundamentais do processo penal.

Para Ferrajoli, a principal garantia processual, considerada como pressuposto de todas as demais, é a de jurisdicionalidade, refletida pelo axioma *nulla culpa sine iudicio*, podendo ser a mesma entendida no

---

[117] FERRAJOLI, Luigi. Op. cit., p. 537. "Entre os dois sistemas de garantias existem nexos tanto estruturais como funcionais. As garantias penais, ao subordinar a pena aos pressupostos substanciais do delito – lesão, ação e culpabilidade no qual resultem ao máximo a imparcialidade, a veracidade e o controle. Por isso as garantias processuais, e em geral, as normas que regulam a jurisdição, se chamam também 'instrumentais' frente às garantias e às normas penais, designadas em compensação, como 'substanciais'." Tradução da autora.
[118] Idem, p. 538.

sentido estrito ou lato, dependendo se está ou não acomapnhada de outras garantias processuais.

"La principal garantía procesal, que constituye el presupuesto de todas las demás, es la de 'jurisdiccionalidad', expresada en el axioma A7, 'nulla culpa sine iudicio'. También esta garantía, como su correlativa de legalidad, puede ser entendida en dos sentidos – 'en el sentido estricto' y 'en el sentido lato' – según vaya o no acompañada de otras garantías procesales. En sentido lato puede expresarse con la tesis T72, 'nulla poena, nullum crimen, nulla lex poenalis, nulla necessitas, nulla iniuria, nulla actio, nulla culpa, sine iudicio'; en sentido estricto con la tesis T63, 'nullum iudicium sine acusatione, sine probatione et sine defensione'".[119]

Ainda, sobre essa correlatividade entre as garantias penais e processuais, embora tenhamos destacado apenas a seara processual, é importante verificá-la nos estudos de Ferrajoli, que traça de forma muito objetiva a ligação entre as estruturas penal e processual penal.

"Más precisamente, mientras el principio de legalidad asegura la prevención de las lesiones previstas como delitos, el principio de jurisdiccionalidad asegura la prevención de las venganzas y de las penas privadas: el tránsito de la justicia privada de la 'faida' y de la venganza de sangre a la pública del derecho penal tiene lugar, efectivamente, cuando la aplicación de las penas y la investigación de sus presupuestos se sustraen a la parte ofendida y a sus próximos y se transfieren con carácter exclusivo a un órgano 'judicial', es decir, extraño, a las partes interesadas e investido con la potestad de decidir sobre sus razones contrapuestas".[120]

---

[119] FERRAJOLI, Luigi. Op. cit., p. 538. "A principal garantia processual, que constitui o pressuposto de todas as demais, é a de 'jurisdicionalidade', expressada no axioma A7 'nulla culpa sine iudicio'. Também esta garantia, assim como sua correlativa de legalidade, pode ser entendida em dois sentidos – 'no sentido estrito' e 'no sentido lato' – segundo vá ou não acompanhada de outras garantias processuais. No sentido lato pode expressar-se com a tese T72, 'nulla poena, nullum crimen, nulla lex poenalis, nulla necessitas, nulla iniuria, nulla actio, nulla culpa, sine iudicio'; no sentido estrito com a tese T63, 'nullum iudicium sine acusatione, sine probatione et sine defensione'." Tradução da autora.

[120] Idem, p. 538. "Mais precisamente, enquanto o princípio da legalidade assegura a prevenção das lesões previstas como delitos, o princípio de jurisdicionalidade assegura a prevenção das vinganças e das penas privadas: o trânsito da justiça privada e da vingança de sangue à pública do direito penal tem lugar, efetivamente, quando a aplicação das penas e a investigação de seus pressupostos se substraem à parte ofendida e a seus próximos e se transferem com caráter exclusivo a um órgão 'judicial', é dizer, estranho, às partes interessadas e investido com o poder de decidir sobre suas razões contrapostas."(Tradução da autora).

O autor faz interessante distinção entre garantias "orgânicas" e "processuais".

– *Orgânicas:* seriam as garantias relativas à formação do juiz, sua colocação institucional frente aos demais poderes do estado e aos outros sujeitos do processo. Dentre essas garantias estariam: independência, imparcialidade, responsabilidade, separação entre juiz e acusação, juiz natural, obrigatoriedade da ação penal.

– *Processuais:* seriam as garantias relativas à formação do juízo, ou seja, ao recolhimento das provas, ao desenvolvimento da defesa e a convicção do órgão judicial. Nestas garantias estão inseridas a formulação de uma acusação exatamente determinada, a carga da prova, o princípio do contraditório, as formas dos interrogatórios e demais atos de instrução, a publicidade, a oralidade, os direitos da defesa e a motivação dos atos judiciais.[121]

Em complemento a essas notas iniciais, entendemos que tem máxima relevância o princípio esculpido no art. 1º da Constituição Federal de 1988, que prevê, como um dos fundamentos do Estado Democrático de Direito, a *dignidade da pessoa humana* (art. 1º, inciso III, da CF/88). Embora lembrado por poucos,[122] tal princípio marca em muito o processo penal, eis que a ele pode ser atribuída a mudança do sistema inquisitivo de processo para o sistema acusatório, justamente em um período de transição, no Iluminismo, onde se buscava *"o resgate da dignidade da pessoa humana, a elevação do espírito humano, o respeito à pessoa humana"*.

A partir deste princípio, que efetivamente tirou o processo penal de sua "clausura", ou seja, tornou o indivíduo um sujeito da relação processual penal, e não apenas objeto do processo penal, surgem as linhas de um processo penal garantista, que assegura ao réu os mesmos direitos processuais garantidos à acusação. Somente neste contexto é que se pode, em verdade, falar em relação jurídica processual penal, eis que se eleva a condição do indivíduo como homem, com dignidades a serem respeitadas.

O *princípio da igualdade*, já visto como princípio geral do processo, neste momento se consagra como efetiva garantia constitucional, e ganha, no processo penal, importância ímpar, eis que possibilita

---

[121] FERRAJOLI. Op. cit., p. 539-540.
[122] CARVALHO, Luiz Gustavo Grandinetti Castanho de. "Princípios constitucionais do processo penal", *Revista Ciência Jurídica*, vol. 73 – jan/fev 97, p. 19-29.

a equiparação dos desiguais, qual seja, réu e acusação, para que ambos dinamizem o processo com as mesmas "armas" – direitos e garantias no processo. Ao invés de se manter a máxima de que "todos são iguais perante a lei, sem distinção de qualquer natureza", devemos entender o princípio da isonomia sopesando uma desigualdade já existente no momento em que se inicia o processo penal, eis que o réu já se encontra em posição inferior à acusação.

O processo, dessa forma, busca equilibrar essa posição, garantindo à defesa o respeito a todos os esforços que possam ser realizados para a absolvição.[123]

Também tem papel de destaque no processo penal o *princípio do devido processo legal*. Tratada no âmbito processualista como uma norma de encerramento, o *due process of law* contém em si todos os demais princípios processuais, abarcando, inclusive, aqueles que porventura não chegaram a ser positivados pelo texto constitucional.

Deve ser entendido como um princípio que assegura todos os demais princípios previstos constitucionalmente, ou seja, garante o direito à ação (princípio da inafastabilidade da apreciação judicial - art. 5°, XXXV), de defesa, prova, contraditório, ampla defesa, sentença, o uso dos recursos a ela inerentes (art. 5°, incisos LIII, LIV e LV), da inadmissibilidade do uso da prova ilícita (art. 5°, LVI), bem como da publicidade e motivação dos atos processuais (arts. 5°, LX, e 93, IX).

Assim, todo e qualquer princípio aplicável ao processo, mesmo que não previsto expressamente, pode ser inserido dentro do conceito de devido processo legal.

Exemplo disso é a garantia de uma celeridade processual, entendendo-se que todo acusado tem direito a um processo célere, não tumultuado pela própria complexidade dos atos processuais, mas rápido, que vise, primeiramente, a tirar o acusado do estado de insegurança que o processo lhe proporciona (tendo em vista que o que está em jogo

---

[123] Doutrinamento esclarecedor é fornecido pelo Juiz Vilson Darós, em decisão publicada no DJU de 07/06/2000, p. 357, onde muito bem coloca, com referência aos princípios do contraditório e da isonomia processual, que "O princípio do contraditório é um postulado de dupla face. Se por um lado deve garantir ao condenado o direito de produzir a prova de sua inocência ou de qualquer causa que exclua o crime e o direito de rebater todos os atos, termos e provas do processo, por outro lado deve também traduzir o interesse e da sociedade, através do acusador público, em provar a responsabilidade dos réus e que eles praticaram o delito não estando acobertados por qualquer causa de exclusão da ilicitude ou culpabilidade e, da mesma forma, de rebater todas as provas trazidas pela defesa. (...)"

é a sua liberdade), ao mesmo tempo em que dá uma resposta imediata à sociedade, atingida pelo fato delitivo.

Sobre a questão da celeridade no processo penal, levando-se em conta a crítica que estamos procurando estabelecer em relação à abreviação dos procedimentos na esfera processual penal (porém sempre com respeito ao tempo do processo), entendemos que o processo deva ser célere o suficiente para julgar o caso de forma justa, possibilitando ao acusado todos os meios de prova e contraditório, não sendo "acelerado", portanto, por previsão normativa.

A garantia de que *"ninguém será considerado culpado até o trânsito em julgado de sentença penal condenatória"* impõe ao ordenamento jurídico o *princípio da presunção da inocência*. Regente do direito processual penal garantista, está esculpido no art. 5°, LVII, da Constituição Federal de 1988.

Sendo garantia fundamental para a concretização do Estado Democrático de Direito, este estado de inocência somente pode ser alterado a partir da sentença penal condenatória transitada em julgado.

Assim, somente será quebrado o princípio da presunção de inocência em duas únicas circunstâncias:

a) *materialmente*, com o trânsito em julgado da sentença condenatória;

b) *formalmente ou processualmente*, com a presença de justa causa para o exercício da ação penal.[124]

Entendemos, portanto, que a posição do juiz dentro do processo criminal não é a de órgão acusador, como muitas vezes se pensa a partir da análise de julgados cotidianos, mas sim órgão detentor de posição garantidora no processo dos direitos subjetivos inerentes à pessoa do acusado. Desta forma, prima-se pela tutela de liberdade do indivíduo, em contraponto ao poder do Estado de punir.

Derivação deste princípio de presunção de inocência ou não-culpabilidade, esculpido na norma constitucional, é o *princípio do "in dubio pro reo"* pelo qual cabe ao agente acusador, seja ele Estado, através do órgão ministerial, na ação penal pública, seja ele o querelante, particular ofendido em seus direitos disponíveis, demonstrar de forma induvidosa da existência do fato típico.

---

[124] CORRÊA, Plínio de Oliveira. "Teoria da justa causa – análise do sistema processual penal brasileiro com vista à ordem jurídica dos países da América Latina", *Revista da Ajuris*, n. 70, Ano XXIV – julho/1997, p. 279.

Ferrajoli, sobre tal princípio, coloca que:

"Si la jurisdicción es la actividad necesaria para obtener la prueba de que un sujeto ha cometido un delito, hasta que esa prueba no se produzca mediante un juicio regular, ningún delito puede considerarse cometido y ningún sujeto puede ser considerado culpable ni sometido a pena. En este sentido el principio de jurisdiccionalidad – al exigir en su sentido lato que no exista culpa sin juicio (axioma A7),y en sentido estricto que no haya juicio sin que la acusación sea sometida a prueba y a refutación (tesis T63) – postula la 'presunción de inocencia' del imputado hasta prueba en contrario sancionada por la sentencia definitiva de condena. Se trata, como afirmó Luigi Lucchini, de un 'corolario lógico del fin racional asignado al proceso' y, al mismo tiempo, de la 'primera y fundamental garantía que el procedimiento hasta prueba en contrario'. La culpa y no la inocencia debe ser demostrada; y es la prueba de la culpa – y no la de la inocencia, que se presume desde el principio – la que forma el objeto del juicio."

"Este principio fundamental de civilidad es el fruto de una opción garantista a favor de la tutela de la inmunidad de los inocentes, incluso al precio de la impunidad de algún culpable. 'Al cuerpo social le basta que los culpables sean 'generalmente' castigados', escribió Lauzé di Peret, 'pero es su mayor interés que todos los inocentes sin excepción estén protegidos'. Es ésta la opción sobre la que Montesquieu fundó el nexo entre 'libertad y seguridad' de los ciudadanos: 'la libertad politica consiste en la seguridad o al menos en la convicción que se tiene de la propia seguridad' y 'dicha seguridad no se ve nunca tan atacada como en las acusaciones públicas o privadas'; de modo que 'cuando la inocencia de los ciudadanos no está asegurada, tampoco lo está su libertad'".[125]

---

[125] FERRAJOLI, Luigi. Op. cit., p. 549. "Se a jurisdição é atividade necessária para se obter a prova de que uma pessoa cometeu um delito, até que essa prova não seja produzida perante um juízo regular, nenhum delito pode ser considerado cometido e ninguém pode ser considerado culpado nem submetido a pena. Neste sentido o princípio de jurisdicionalidade – ao exigir em seu sentido lato que não exista culpa sem julgamento (axioma A7), e em sentido estrito que não haja julgamento sem que a acusação seja submetida a prova e refutação (tese T63) – postula a 'presunção de inocência' do imputado até prova em contrário sancionada pela sentença condenatória definitiva. Trata-se, como afirmou Luigi Lucchini, de um 'corolário lógico do fim racional assinado ao processo' e, ao mesmo tempo, da 'primeira e fundamental garantía que o procedimento até prova em contrário'. A culpa e a não e inocência deve ser demonstrada; e é a prova da culpa – e não da inocência, que se presume desde o início – a que forma o objeto do julgamento.
Este princípio fundamental de civilidade é fruto de uma opção garantista a favor da tutela da imunidade dos inocentes, inclusive ao preço da impunidade de algum culpado. 'Ao corpo social

Além dos princípios acima elencados, temos ainda o *princípio do juiz natural*, que veda a criação de determinado órgão depois de praticado o fato, para julgar determinados crimes. Entretanto, a violação a este princípio já ocorreu por muitas vezes em nossa história, como no caso dos regimes ditatoriais.

O *princípio da publicidade e da motivação*, como vimos anteriormente, encontram-se esculpidos nos arts. 5º, LX, e 93, IX da Constituição Federal, e servem como mecanismo de legitimação da função jurisdicional, eis que toda decisão judicial deve ser fundamentada, motivada e, da mesma forma, deve ser dado publicidade ao julgamento e aos atos processuais, sendo inconstitucional o ato praticado sob sigilo. Entretanto, é a própria Constituição que, no mesmo inciso LX do art. 5º, restringe a publicidade, ressalvando as hipóteses de não-aplicabilidade deste princípio, nos momentos em que tiverem em conflito outros princípios constitucionais, para salvaguardar o direito de intimidade e o interesse social. Exemplo desse limite já vimos em capítulo anterior, esculpido no § 1º do art. 792 do CPP.

Sobre a publicidade do processo, importante as considerações de Ferrajoli:

"En nuestro ordenamiento, como en la mayoría de los ordenamientos evolucionados, la existencia de la motivación 'en hecho' y 'en derecho' como condición necesaria de la validez de los pronunciamientos jurisdiccionales se halla prescrita por normas específicas. La consecuencia de esta prescripción es que la 'legitimación interna, jurídica o formal' de las resoluciones penales está condicionada normativamente por la existencia y el valor de sus motivaciones: es decir, por aserciones (Ticio es culpable, Cayo es inocente, tal hecho ha sido o no cometido, etc.) que no se dan en ningún otro tipo de actos jurídicos: Para que sea posible el control sobre el respeto de las garantías procesales examinadas hasta ahora, es necesario un segundo conjunto de garantías, instrumentales o secundarias respecto de las primeras: la publicidad y la oralidad del juicio, la legalidad o ritualidad de los procedimientos

---

lhe basta que os culpados sejam 'generalizadamente castigados', escreveu Lauzé di Peret, porém é de seu maior interesse que todos os inocentes, sem exceção estejam protegidos'. É esta a opção sobre a qual Montesquieu fundou o nexo entre 'liberdade e segurança' dos cidadãos: 'a liberdade política consiste na segurança ou ao menos na convicção que se tem da própria segurança' e 'dita segurança não se vê nunca tão atacada como nas acusações públicas ou privadas'; de modo que 'quando a inocência dos cidadãos não está assegurada, tampouco está sua liberdade'." Tradução da autora.

y la motivación de las decisiones. Se trata de garantías que cabe calificar de segundo grado, es decir, de 'garantías de garantías': sólo si la instrucción probatoria se desarrolla en público y, por consiguiente, de forma oral y concentrada, si además es conforme al rito previsto con ese objeto y si, en fin, la decisión está vinculada a dar cuenta de todos los eventos procesales, así como de las pruebas y contrapruebas que la motivan, es posible, en efecto, tener una relativa certeza de que han sido satisfechas las garantías primarias, más intrínsecamente epistemológicas, de la formulación de la acusación, la carga de la prueba y el contradictorio con la defensa. Por eso, la publicidad y la oralidad son también rasgos estructurales y constitutivos del método acusatorio formado por las garantías primarias, mientras que el secreto y la escritura son a su vez elementos caracterizadores del método inquisitivo. En cuanto a las garantías de la motivación y de la ritualidad, no pertenecen específicamente al método acusatorio, habiendo sido concebidas, más bien, en el marco de la tradición inquisitiva; pero son en todo caso esenciales a cualquier método procesal, sea acusatorio, inquisitivo o mixto".[126]

Sendo a publicidade *el alma de la justicia*, conforme Bentham,

"que se deben las páginas tal vez más penetrantes contra el secreto: no sólo porque 'es la más eficaz salvaguardia del testimonio', del

---

[126] FERRAJOLI, Luigi. Op. cit., p. 616. "No nosso ordenamento, como na maioria dos ordenamentos evoluídos, a existência da motivação 'no fato' e 'no direito' como condição necessária da validade dos pronunciamentos jurisdicionais se faz prescrita por normas específicas. A conseqüência desta prescrição é que a 'legitimação interna, jurídica ou formal' das resoluções penais está condicionada normativamente pela existência e valor de suas motivações: é dizer, por asserções (Ticio é culpado, Caio é inocente, o fato foi ou não cometido, etc.) que não se dão em nenhum outro tipo de atos jurídicos: Para que seja possível o controle sobre o respeito das garantias processuais examinadas até agora, é necessário um segundo conjunto de garantias, instrumentais ou secundárias em relação às primeiras: a publicidade e a oralidade do julgamento, a legalidade ou ritualidade dos procedimentos e a motivação das decisões. Trata-se de garantias qualificadas de segundo grau, isto é, de 'garantias de garantias': somente se a instrução probatória se desenvolver em público e, por conseguinte, de forma oral e concentrada, se ademais é conforme ao rito previsto com esse objeto e se, ao final, a decisão está vinculada a dar conta de todos os eventos processuais, assim como das provas e contraprovas que a motivam, é possível, efetivamente, ter uma relativa certeza de que foram satisfeitas as garantias primárias, mais intrisicamente epistemológicas, da formulação da acusação, a carga da prova e o contraditório com a defesa. Por isso, a publicidade e oralidade são também linhas estruturais e constitutivas do método acusatório formado pelas garantias primárias, enquanto que o segredo e a escrita são por sua vez, elementos caracterizadores do método inquisitivo. Enquanto as garantias da motivação e da ritualidade, não pertencem especificamente ao método acusatório, tendo sido concebidas no marco da tradição inquisitiva; porém são em todo caso essenciais a qualquer método processual, seja acusatório, inquisitivo ou misto." (Tradução da autora).

que asegura, gracias al control del público, la 'veracidad', sino sobre todo porque favorece la 'probidad' de los jueces al actuar 'como freno en el ejercicio de un poder del que es tan fácil abusar', permite la formación de un espíritu cívico y el desarrollo de una 'opinión pública' de otro modo 'muda o impotente sobre los abusos' de los jueces, funda 'la confianza del público', y refuerza la independencia de los magistrados acrecentando su responsabilidad social y neutralizando los vínculos jerárquicos y el 'espíritu de cuerpo'. Por el contrario, escribió Bentham, 'cuanto más secretos han sido los tribunales, más odiosos han resultado', ya que 'la inocencia y el misterio nunca van juntos, y quien se oculta está más que a medias convicto. He aquí el principio según el cual actúan. ¿Por qué no servirse de dicho principio contra ellos mismos? Su conducta ¿no ofrece idénticas apariencias de culpabilidad? Si fuesen inocentes, ¿tendrían miedo de parecerlo? Si no tuviesen nada que temer de las miradas del público, ¿por qué se encerrarían en un recinto de tinieblas? ¿Por qué harían del palacio de justicia una cueva tan secreta como la de los ladrones? Y al hacerles reproches injustos, ¿pueden quejarse?"[127]

Sobre a publicidade do processo, continua:

"Naturalmente, la publicidad del proceso no tiene nada que ver con su resonancia o espectacularidad, que muy bien pueden conciliarse con el secreto en la obtención y formación de las pruebas. Precisamente de este tipo es la 'media publicidad' asegurada por el 'proceso mixto' de origen napoleónico, introducido en Italia con el código Rocco y perpetuado, en este aspecto, por el nuevo código: público y solemne en la fase del juicio oral, protegido por el

---

[127] FERRAJOLI, Luigi. Op. cit., p. 617. "que devem as páginas talvez mais penetrantes contra o segredo: não somente porque 'é a mais eficaz salvaguarda do testemunho' do que assegura, graças ao controle do público, a 'veracidade', senão sobretudo porque favorece a 'proibição' dos julgamentos ao atuar 'como freio no exercício de um poder do qual é tão fácil abusar', permite a formação de um espírito cívico e o desenvolvimento de uma 'opinião pública' de outro modo 'muda o impotente sobre os abusos' dos juízes, funda 'a confiança do público', e reforça a independência dos magistrados acrescentando sua responsabilidade social e neutralizando os vínculos hierárquicos e o 'espírito corporativo'. Pelo contrário, escreveu Bentham, 'quanto mais secretos foram os tribunais, mais odiosos resultaram', já que 'a inocência e o mistério nunca vão juntos, e quem se oculta está mais que meio convicto. Há aqui o princípio segundo o qual atuam. Por que não servir-se deste princípio contra eles mesmos? Sua conduta não oferece idênticas aparências de culpabilidade? Se fossem inocentes, teriam medo de parecê-lo? Se não tivessem nada que temer das olhadas do público, por que se fechariam em um recinto de trevas? Por que fariam do palácio da justiça uma cova tão secreta como a dos ladrões? E ao fazer-lhes reprovações injustas, podem queixar-se?" Tradução da autora.

secreto, pero abierto a indiscreciones incontroladas, en la vieja fase instructoria y ahora en las investigaciones preliminares".[128]

Atenta Ferrajoli, em relação à necessidade de motivação das decisões judiciais:

"ni en las leyes, ni en los negocios privados, ni en las resoluciones administrativas. Y puesto que el valor de las aserciones es la verdad, de ello se sigue que las sentencias penales son los únicos actos normativos cuya 'validez' se funda sobre la 'verdad'".[129]

Levando-se em conta que tratamos aqui das garantias do processo penal, inevitável que se reflita sobre a necessidade de um estudo mais aprofundado sobre a aplicação dos princípios atinentes ao processo penal, uma vez que são destes que advêm as garantias que são dadas ao acusado, e cujo cumprimento podem ser fiscalizados pela sociedade, de tal forma que perfectibiliza-se um Direito penal mínimo, que, aliado ao conceito de Estado Democrático de Direito, forma o processo penal garantista.

8.2. A Constituição como limite à abreviação dos procedimentos

A Constituição é, sem dúvida alguma, a norma máxima do Estado. Tal assertiva deve ser considerada não apenas dentro do contexto social, como norma máxima dos direitos e deveres dos indivíduos que compõe a sociedade, mas principalmente no contexto normativo. Abaixo da Constituição, temos as demais normas legais, que regulam as diferentes searas jurídicas, também escritas. Porém acima, não há uma norma escrita, existindo, apenas, uma norma que chamamos de hipotética, denominada fundamental, que dá legitimidade à Constituição, pairando sobre o ordenamento jurídico, que dá, a cada um de nós, o comando que diz para respeitá-la.

---

[128] FERRAJOLI. Op. cit., p. 618. "Naturalmente, a publicidade do processo não tem nada que ver com sua ressonância ou espetacularidade, que muito bem podem conciliar-se com o segredo na obtenção e formação das provas. Precisamente deste tipo é a 'meia publicidade' assegurada pelo 'processo misto' de origem napoleônico, introduzido na Itália com o código Rocco e perpetuado, neste aspecto, pelo novo código: público e solene na fase do juízo oral, protegido pelo segredo, porém aberto a indiscreções incontroladas, na velha fase instrutória e agora nas investigações preliminares." Tradução da autora.

[129] Idem, p. 543. "nem as leis, nem os negócios privados, nem as resoluções administrativas. E posto que o valor das asserções é a verdade, disto se segue que as sentenças penais são os únicos atos normativos cuja 'validade' se funda sobre a 'verdade'." Tradução da autora.

É claro que se continuarmos buscando "o que está acima", sempre existirá um algo mais, porém fixar a Constituição no "topo da pirâmide", como determina Kelsen, é indiscutivelmente necessário, para que o discurso seja válido.

A partir deste ponto, é simples e lógico aceitar que *uma norma somente terá vigência e eficácia no momento em que ela for totalmente compatível com a Constituição*, porque do contrário, não há de se falar em norma, uma vez que não respeita a hierarquia, contrariando o dispositivo constitucional.

Entretanto, ainda enfrentamos uma árdua luta contra verdadeiros absurdos morais, que é a não-observação das garantias constitucionais, por entenderem ser uma norma vaga, sem eficácia, o que se dá:

a) pela falta de habilidade do corpo jurídico de aceitar que uma Constituição regule sobre todo o ordenamento jurídico através de princípios garantidores do processo;

b) falta de habilidade do indivíduo, pela displicência do corpo legislativo de continuar elaborando leis que vão de encontro a princípios instituídos pela Constituição em um Estado Democrático de Direito.

Afinal, "toda norma constitucional é dotada de eficácia, não há como o juiz recusar a interpretar a lei de acordo com os princípios que orientam o raciocínio jurídico, nem se pode recusar ao juiz a possibilidade de que assim aja. Se tem tais nortes, pode reconhecer a inconstitucionalidade pela injustiça".[130]

Ao colocarmos a Constituição neste patamar de não apenas norma Maior, mas como filtro de interpretação de todos os demais regramentos, estamos nos confrontando com um processo hermenêutico de interpretação da norma de acordo com os princípios que resguardam a Constituição, e que evoluem de acordo com a evolução da sociedade, e, portanto, estão em constante atualização. A interpretação, desta forma, nunca será sobre algo estático, mas que se modifica e se adequa às necessidades do ordenamento social e jurídico.

Daí, lembra Fauzi, a importância de interpretar-se o processo penal, sobretudo com a utilização do método denominado *processo constitucional*, onde as normas são enfocadas a partir da matriz contida no texto magno, acabando o processo por adquirir uma feição para

---

[130] CLÈVE, Clémerson Merlin. *Lições de direito alternativo*, 1991, p. 119.

além da técnica, muito mais politizada e sem dúvida com um outro compromisso ético.[131]

Ernildo Stein, em introdução à sua obra *Aproximações hermenêuticas*, destaca que

> "as estruturas lógicas não dão conta de todo o nosso modo de ser conhecedores das coisas e dos objetos, e aí somos obrigados a introduzir um elemento que será o núcleo dessa análise, o elemento da interpretação. A interpretação é hermenêutica, é compreensão, portanto, o fato de nós não termos simplesmente o acesso aos objetos via significado, mas via significado num mundo histórico determinado, numa cultura determinada, faz com que a estrutura lógica nunca dê conta inteira do conhecimento, de que não podemos dar conta pela análise lógica de todo o processo do conhecimento. Ao lado da forma lógica dos processos cognitivos precisamos colocar a interpretação. Os lógicos quando fracassam em certos tipos de argumentação dizem: Aqui temos que tornar-nos menos precisos, temos que decair para a interpretação".[132]

Ora, sendo o homem não um objeto, mas um sujeito que "cai" em um mundo onde já existe uma linguagem, uma tradição e uma historicidade, e o próprio convívio em sociedade determina a forma de como o homem irá se ver no mundo, a relação entre indivíduos não pode ser regulada através de fórmulas matemáticas, estáticas, universais.

Ainda, uma vez que há a necessidade de normas que regulem essa mesma sociedade, inadmissível entender que uma norma consiga captar exatamente a realidade, sem precisar de uma constante (re)adaptação, (re)leitura e (re)construção (o que seria perfeitamente possível na metafísica tradicional).

Podemos concluir, assim, que *o homem vive porque interpreta.*

Não de forma consciente, é claro, mas só existe a tomada de decisão (e toda ação é uma tomada de decisão, que deixa de lado a possibilidade do não agir ou agir diferente, e só assim é possível a sobrevivência humana) porque ele resolve, por conta de sua faticidade, e risco, agir de acordo com o que "acha" que prescreve a norma (tanto de conduta social, quanto jurídica).

É necessário, porém, que seja feita uma crítica ao sistema processual brasileiro, principalmente o penal, em muito ultrapassado, o que

---

[131] CHOUKR, Fauzi Hassan. *Processo penal* (...), p. 62.
[132] STEIN, Ernildo. *Aproximações hermenêuticas.* Porto Alegre, EDIPUCRS, 1996. p. 18.

traz à tona a temática da vinculação da jurisdição aos direitos fundamentais, resultando dessa vinculação para o Judiciário não só o dever de guardar estrita obediência aos chamados direitos fundamentais de caráter judicial, mas também o de assegurar a efetiva aplicação do direito. Isto se dá, especialmente, com a efetiva aplicação dos direitos fundamentais, não importando os sujeitos da relação, seja entre particulares ou envolvendo o Poder Público.

Aliás, merece destaque a colocação de Ferrajoli,[133] ao discorrer sobre a crise do Estado social:

> "A deterioração da forma da lei, a falta de certeza generalizada causa da incoerência e da inflação normativa e, sobretudo, a falta de elaboração de um sistema de garantia dos direitos sociais equiparável, por sua capacidade de regulação e controle, ao sistema de garantias tradicionalmente predispostas para a propriedade e a liberdade, representam, efetivamente, não somente um fator de ineficácia dos direitos, senão o terreno mais fecundo para a corrupção e o arbítrio."

O que se observa no sistema processual penal brasileiro é que o mesmo coloca réu e acusação em uma balança de diferentes medidas. Isto decorre da existência do interesse do Estado[134] contrapondo-se à liberdade do cidadão; e uma vez que este é garantia individual, subjuga-se ao interesse estatal. Entretanto, a contrapartida para tal supressão deve existir durante e após o processo, o que pode ser consubstanciado no que hoje se chama *estado de inocência*, ou seja, o réu, ao ingressar no processo, o faz como inocente, cabendo ao Estado, através de seu órgão acusador, ou ao particular que se sentir lesado, a prova da culpa, assim como na atuação do trabalho do preso, respeitando assim a máxima da dignidade da pessoa humana.

Pondere-se que a segurança jurídica, decorrente do direito positivo, inexiste no processo penal, permitindo-se a construção de um novo direito, através da aplicação dos princípios (supra)constitucionais na solução de conflitos de normas ou mesmo nos casos de normas abertas. Há uma garantia mínima, situada nos direitos fundamentais, e o resto adviria de construções principiológicas, utilizando-se subsidiariamente, ou complementarmente, a norma positiva.

---

[133] FERRAJOLI, Luigi. *Derechos y garantias*. Madri, Editorial Trotta, 1999.
[134] Proteção e prevenção ampla, na aplicação do direito punitivo aos seus tutelados.

A partir destas primeiras análises sobre a *utilização da Constituição como filtro hermenêutico para a aplicação da norma processual*, adentramos ao tema que impulsionou a formulação da presente obra, qual seja, a sumarização no processo penal e, mais especificamente, a questão da limitação constitucional frente às medidas cautelares do processo penal.

No momento em que estamos tratando do bem primeiro do homem, qual seja, sua liberdade, é com atenção que devemos examinar as cautelares, principalmente as de natureza pessoal, previstas no ordenamento processual penal brasileiro.

Conforme já visto anteriormente, o princípio da não-culpabilidade é garantia que protege o indivíduo acusado de ter cometido determinado delito de que somente após o trânsito em julgado de uma sentença condenatória o mesmo terá sua liberdade cerceada pela ação punitiva/coercitiva do Estado.

Entretanto, existe a possibilidade em nosso ordenamento de se limitar a liberdade do acusado antes da decisão judicial definitiva, sendo necessária, entretanto, a demonstração de determinadas circunstâncias detalhadamente fundamentadas.

É no artigo 312 do CPP que encontramos os motivos que ensejam a incidência das cautelas de natureza pessoal, não bastando a indicação dos motivos, sendo imprescindível a pormenorização da situação fática ensejadora da medida acautelatória.

Tal artigo tem por escopo a garantia da ordem pública, no momento em que procura afastar do convívio social o elemento "perigoso". Muito embora esteja previsto a necessidade de requisitos fáticos especificamente demonstrados para que se enseje a aplicação da medida cautelar, é evidente que qualquer deslize em sua apuração esbarrará inegavelmente no princípio da não-culpabilidade.

Embora muitas vezes utilizadas como instrumento de pacificação social, tais cautelares têm aspecto nitidamente promocional do sistema repressivo, apresentando-nos o discurso baseado na eficiência/repressão, utilizando mecanismos de supressão de garantias processuais, são exceção à garantia constitucional de presunção de inocência, sendo tal utilização verdadeira afronta à Constituição, eis que descaracteriza a medida de natureza cautelar (mecanismo de supressão de garantias processuais), devendo esta ser utilizada como *ultima ratio* pelo juiz instrutor da ação penal.

Uma primeira e grande limitação ao poder de cautela, que vemos estampada em nossa Carta Política, é a *cláusula constitucional do devido processo legal*, princípio este que vai abarcar diversas outras garantias também consagradas pela Constituição. Assim, por exemplo, somente o Juiz cuja competência tenha sido previamente estabelecida pelo legislador poderá decretar as medidas inominadas requeridas, vedada a figura do Juiz *ad hoc*. Todos os atos processuais, como continuamos a frisar, devem revestir-se da mais ampla publicidade, só admitida a sua restrição nos casos em que a Constituição Federal (art. 5º, LX, e art. 93, IX) e o Código de Processo Penal (art. 792, § 1º) permitem, fundamentando o Juiz todas as suas decisões.

Como princípio em destaque, temos também o princípio da *presunção de não-culpabilidade*, que atuará como importante limite às medidas cautelares no processo penal. Entretanto, devemos entender que o mesmo não atuará no sentido de vedá-las, uma vez que a movimentação cautelar do magistrado não parte de uma presunção de culpa - limitada que é a resguardar a eficácia da prestação jurisdicional de mérito –, mas, isto sim, para dar o timbre de excepcionalidade que deve marcar o processo penal cautelar, informativo de que antes do trânsito em julgado da sentença penal condenatória toda e qualquer restrição de direitos do réu só será admitida em casos de extrema necessidade e na exata medida desta necessidade.

Interessante questionamento diz respeito à concessão de medidas cautelares *inaudita altera pars*. Há entendimento de que tal decisão, anterior ao próprio contraditório, não afastaria este princípio constitucional, tratando-se apenas de uma adiação de seu exercício.

Discordamos, no entanto, ao ver que, respeitada a sua excepcionalidade, quando o contraditório prévio puder importar em esvaziamento da medida, há sim um abuso à Constituição (justificável ou não), pois, *diferentemente do processo civil, onde é muito utilizada a metodologia do contraditório diferido, é somente através do contraditório que se poderá averiguar da efetiva necessidade de uma medida assecuratória ou acautelatória para a instrução processual*.

No que diz respeito às chamadas cautelas de ofício, temos aí um ponto bastante sensível, e que, à vista do tema comportar tal questionamento, cabe sua discussão, buscando-se analisar, sob o ponto de vista garantista, a compatibilidade dessa atuação jurisdicional não provocada com o princípio *ne procedat iudex ex officio* e, de forma mais ampla, com o próprio sistema acusatório.

Entendemos que a decretação de medidas cautelares de ofício, em qualquer fase (pré-processual ou processual), se mostra incompatível com a rígida separação de funções preconizada pelo processo penal tipo acusatório. Tal sistema não foi apenas escolhido, mas inegavelmente adotado pela atual Constituição Federal, no art. 129, I, ao disciplinar que a titularidade da ação penal pública está privativamente vinculada ao Ministério Público, afastando-se a figura do Juiz de toda e qualquer iniciativa no que se refere à persecução penal, garantindo, assim, a sua imparcialidade.

Extraindo-se do dispositivo constitucional toda a sua potencialidade, podemos também concluir que esta mesma titularidade privativa para o exercício da ação penal não está adstrita às ações de conhecimento de índole condenatória, mas também às ações cautelares e de execução. Temos, assim, que somente a partir de requerimento do Ministério Público poderá o Juiz pronunciar-se sobre o cabimento, ou não, da cautela atípica.

As limitações constitucionais devem ser tratadas como verdadeiras contracautelas, tendo em vista que se tratam de medidas utilizadas para enfrentar a injusta aplicação da medida privativa de liberdade visando à proteção da persecução criminal.

A mais importante, entretanto, trata da *liberdade provisória*, uma vez que é medida de aplicação obrigatória, se não existentes os requisitos da prisão processual. Não fazendo a Constituição Federal nenhuma outra exigência para sua concessão, a simples inexistência de algum dos requisitos previstos no regramento processual penal enseja a concessão de tal contracautela.

Sendo incidente obrigatório, o exame da possibilidade de concessão da liberdade provisória é o caminho natural do procedimento, devendo o juiz, a qualquer momento da persecução penal, ao tomar conhecimento de cautela de natureza pessoal, provocar a manifestação do órgão ministerial a respeito da concessão da liberdade provisória, independentemente de provocação da defesa, cabendo o agente do Ministério Público sempre se manifestar sobre a possibilidade da tutela pessoal.[135]

---

[135] A título informativo, cumpre-nos salientar que o instituto da liberdade provisória se dá em diferentes níveis: 1) obrigatória, que pode ser concedida mediante ou independentemente do pagamento de fiança (arts. 321, I e II e 322, parágrafo único do CPP); 2)permitida, nos casos em que a própria lei deixa a critério do juiz a concessão ou recusa da liberdade provisória (CPP, arts. 310 *caput*, 310 parágrafo único e 327 e 328); 3) liberdade provisória vedada, nos casos enumerados pelos arts. 323 e 324 do Código de Processo Penal.

Fato posto que, a partir da aceleração das relações sociais, há uma mudança contínua de seus valores e interesses, vemos um crescente processo de abafamento das garantias constitucionais. Isto se dá através da criação de tantos institutos que proíbem a concessão da liberdade provisória, como é o caso da Lei 8.072/90, que dispõe sobre a impossibilidade de fiança e liberdade provisória nos crimes hediondos, a prática da tortura e o tráfico ilícito de entorpecentes e drogas afins, vedação inclusive já prevista anteriormente no texto constitucional (art. 5º, XLIII), que também inclui o terrorismo como delito inafiançável.

Também podemos citar, nessa mesma linha, a Lei 9.034/95 (Lei do Crime Organizado), que em seu artigo 7º, estabelece a impossibilidade de concessão de liberdade provisória, sem distinção da liberdade com fiança ou sem fiança, em se tratando de agentes que tenham tido intensa e efetiva participação na organização criminosa. A Lei da Lavagem de Capitais – Lei 9.613/98, veda, em seu artigo 3º, a concessão de fiança e liberdade provisória nos crimes ali elencados.

8.3. Aceleração dos procedimentos e as novas técnicas legislativas – aspectos políticos da reforma no Código de Processo Penal

A justificativa utilizada na exposição de motivos do "novo" Código de Processo Penal era justamente o tempo e a incompatibilidade do procedimento processual penal com uma sociedade em tão acelerada modificação.

Tendo sido composta uma Comissão para discutir os pontos a ser abordados na reforma, a qual teve por presidente a jurista Ada Pellegrini Grinover, foi entregue ao Ministério da Justiça, no final do ano de 2000, sete anteprojetos que originaram os projetos de Lei nº 4.209/01, que trata da investigação criminal; nº 4.207/01, sobre a suspensão do processo/procedimento; nº 4.205/01 que versa sobre as provas; a de nº 4.204/01, sobre interrogatório e defesa legítima; a de nº 4.208/01, que especialmente nos interessa, tendo em vista que trata da prisão/medidas cautelares e liberdade; o Projeto de Lei nº 4.203/01, sobre a instituição do júri e, ainda, o de nº 4.206/01, versando sobre os recursos e ações de impugnação.[136]

---

[136] Interessante abordagem é feita por Rômulo de Andrade Moreira em artigo publicado na Revista Diálogo Jurídico, com o título *A reforma do Código de Processo Penal* (número 11 – fevereiro de 2002 – Bahia).

É interessante, contudo, antes de examinarmos o tema das medidas cautelares e liberdade provisória, conforme sua nova interpretação, que seja feita uma breve análise do que hoje temos no atual Código de Processo Penal e os aspectos políticos que levaram à elaboração de um novo CPP.

Sabe-se que o Código de Processo Penal pátrio, ao longo de mais de 60 anos, pois data de 1941, poucas alterações sofreu, inclusive adequando-se à nova Constituição de 1988, tendo por seu principal mérito o fato de unificar o processo penal brasileiro, haja vista que, até então, cabia a cada Estado da Federação a competência para legislar sobre processo, civil e penal, bem como sobre sua organização judiciária.

Embora tratada pela maioria dos críticos como fascista, com teor nitidamente autoritário, uma vez que inspirado na reforma operada no CPP italiano, que optou a minimização dos direitos e garantias fundamentais, adotando um modelo processual de natureza inquisitivo, podemos, de uma forma um pouco mais discreta, apenas acenar que *a reforma do processo penal na década de 40 foi marcada pelo eficientismo*, ou seja, a eficiência da repressão penal.

O que se buscava era uma minimização dos direitos e garantias individuais em favor de uma tutela social, o que vemos claramente ao refletirmos sobre a manutenção do inquérito policial, no sistema de gestão das provas e, principalmente, nas hipóteses cada vez mais abertas de justificação da prisão provisória.

Assim, muito embora tenha sofrido algumas alterações através de leis extravagantes, que procuraram aperfeiçoar o sistema processual penal pátrio, inclusive com a criação dos Juizados Especiais Criminais (Leis 9.099/95 e 10.259/01), e de outras leis de extrema importância, como a 10.054/00, que disciplinou a identificação criminal, e a Lei 9.296/96, que tratou das interceptações telefônicas, citando estas apenas como exemplos, entendeu-se que era preciso modernizar o diploma processual penal, tutelando de forma efetiva direitos e garantias fundamentais do acusado, bem como renovando o papel da vítima no processo penal.

Seguindo um modelo de reformas ocorridas em países vizinhos, bem como os princípios estabelecidos pelo Projeto de Código Processual Penal – Tipo para Ibero América,[137] visualizamos que tais refor-

---

[137] Alguns princípios básicos, que merecem destaque estão previstos no art. 2º - "O julgamento e decisão das causas penais será feito por juízes imparciais e independentes dos poderes do Estado, apenas sujeitos à lei.", no art. 3º - "O imputado ou acusado deve ser tratado como inocente durante o procedimento, até que uma sentença irrecorrível lhe imponha uma pena ou uma medida de segurança." , além de "A dúvida favorece o imputado.", e o art. 5º, que prevê "É inviolável a defesa no procedimento."

mas acompanham justamente um período de transição política, em que se abandonaram, aos poucos, os resquícios autoritários, adotando-se o regime democrático.

Seria, portanto, algo quase que irrefreável a reformulação do sistema processual penal, que passa de inquisitório (fase autoritária) para um sistema de garantias individuais básicas (cujo respeito faz parte do próprio conceito de Estado Democrático de Direito), adotando-se, portanto, o sistema acusatório, onde há uma delimitação no poder de acusar e uma total imparcialidade do julgador da causa.

Embora entendamos que a Constituição Federal de 1988, ao esculpir em seu textos as garantias fundamentais totalmente aplicáveis ao processo, estariam revogadas quaisquer regras que violassem esse ideário garantista, optou-se por um sistema de "reforma", talvez mais para demonstrar o processo de redemocratização pátrio do que como efetivo instrumento de reforma.

De todo o exposto, concluímos que entendemos, sim, necessária uma nova leitura do texto normativo de nosso diploma processual penal, mas não através de novas leis, mas sim através de uma interpretação hermenêutica, tendo por filtro a Constituição Federal.

De qualquer forma, interessa-nos aqui abordar as modificações que a reforma imporá ao sistema medidas cautelares e liberdade (Projeto de Lei nº 4.208/01, que modifica o Título IX do CPP que trata "Da Prisão e da Liberdade Provisória", alterando-lhe para "Da Prisão, das Medidas Cautelares e da Liberdade Provisória", revogando, portanto, expressamente, o § 2º e incisos do art. 325, os arts. 393, 594, 595 e os parágrafos do art. 408 do Código de Processo Penal.

Louvável a extinção do artigo 594 do Código de Processo Penal,[138] uma vez que fere a Constituição sob dois aspectos:

1) pelo fato de que há uma garantia constitucional da presunção de inocência, que roga pela inocência do réu até o trânsito em julgado da sentença condenatória;

2) a garantia do devido processo legal, que assegura a ampla defesa e todos os recursos a ela inerentes, em nenhum momento fazendo ressalvas à máxima prevista no art. 5º, LVII, da CF/88.

---

[138] Art. 594 do CPP dispõe: "O réu não poderá apelar sem recolher-se à prisão, ou prestar fiança, salvo se for primário e de bons antecedentes, assim reconhecido na sentença condenatória, ou condenado por crime que se livre solto."

Além disso, a prisão antes de transitada em julgado a sentença penal condenatória somente pode ser vista como uma prisão provisória com caráter eminentemente cautelar, sendo contraditório à Constituição como regra máxima do Estado dispor que "ninguém será considerado culpado até o trânsito em julgado de sentença penal condenatória", e, ao mesmo tempo, obrigar o réu a se recolher à prisão.

Assim visto pelos reformadores, esta modalidade de prisão provisória, anterior ao trânsito em julgado da sentença que determine a condenação do réu, somente será legítima se plenamente fundamentada, e que também reste demonstrada a sua necessidade, caracterizada pelo *periculum libertatis*.

Também, na mesma esteira, parece-nos estranha a impossibilidade do acusado em ter acesso ao duplo grau de jurisdição, conforme nos faz entender o art. 595 do atual CPP, que defende que "se o réu condenado fugir depois de haver apelado, será declarada deserta a apelação", uma vez que, muito embora não figurando como uma efetiva garantia individual, o duplo grau de jurisdição constitui princípio basilar do processo e, com certeza, base fundamental de um processo penal garantista, sendo tal garantia ratificada pelo Brasil através do Pacto de San José da Costa Rica, na Convenção Americana sobre Direitos Humanos.[139]

Ora, levando-se em conta que a possibilidade recursal tem natureza política, que, admitindo no sistema de "freios e contrapesos" de Montesquieu é nitidamente adotado pelo sistema republicano, frisando a necessidade de controle de todos os atos emanados pelo Estado, aí portanto englobam-se os atos do Poder Judiciário.

Conforme já exposto anteriormente, é necessário que a interpretação hermenêutica dos dispositivos de lei infraconstitucional esteja ajustada à Constituição, norma máxima do Estado. Em assim sendo, e levando-se em conta a garantia constitucional da presunção de inocência, visível a falha dos dispositivos previstos nos artigos 594 e 595 do CPP.

O art. 594, portanto, deve ser visto com uma leitura diferenciada. Em sendo a regra a presunção da inocência, e tal regra somente quebrada ante a visão do *periculum libertatis*, que é configurado pela necessidade de garantia da ordem pública, a ordem econômica, ou conveniência da instrução criminal ou para assegurar a aplicação da

---

[139] Referido pacto prevê, em seu art. 8º, § 2º, *h*, que todo o acusado tem o "direito de recorrer da sentença para juiz ou tribunal superior".

lei penal, somente poderá ocorrer a prisão em decorrência de uma sentença condenatória recorrível no momento em que preexistentes os motivos que poderiam ensejar uma prisão provisória.

A necessidade de recolher o indivíduo à prisão deve estar plenamente configurada, devendo ser abolida, de todo no processo penal, a prisão meramente conseqüente.

Ainda, da mesma forma em que assegurada constitucionalmente a ampla defesa, ilógico nos parece a impossibilidade de interposição de recurso no caso do réu, em sendo condenado, não se recolher à prisão ou, em fugindo, ser considerado seu recurso deserto, obstando, portanto, seu regular andamento.

Considerando-se o amplo sistema de garantias e princípios normatizados pela Constituição de 1988, não é de todo possível a aplicação de uma norma infraconstitucional como vimos acima em total desrespeito com a Carta Magna. A interpretação de tais artigos deve-se dar, sempre, e somente, conforme a Constituição, adequando-se o texto normativo à Carta, e inclusive podendo-se admiti-lo como válido, uma vez que interpretado consoante as garantias previstas no Texto Maior.

A partir da reforma, procura-se estabelecer, no que tange às medidas cautelares, critérios razoáveis para sua justificação, somente sendo admitida se estiver comprovada o *periculum libertatis*, ou seja, a necessidade da prisão para a aplicação da lei penal, para a investigação ou para a instrução criminal, além de, nos casos previstos em lei, evitar a prática de novas infrações penais.

O texto do Projeto prevê que tais medidas podem ser decretadas *ex officio*, ou a requerimento das partes e, ainda, quando cabível, por representação da autoridade policial.

Entretanto, ainda nos parece um pouco quanto perigoso admitir que o magistrado possa, *ex officio*, decidir acerca de uma medida cautelar de natureza criminal, o que nos parece ter raízes ainda vinculadas ao sistema inquisitivo, misturando-se critérios como a imparcialidade do juiz com a determinação de medidas cautelares e de diligências investigatórias.

Muito embora tenhamos feito diversas críticas ao aspecto da utilização de institutos do processo civil para o processo penal, parece-nos claro que a medida cautelar somente se justificará no momento em que presentes o *fumus commissi delicti* e o *periculum libertatis* (o que nos lembra muito o *fumus boni iuris* e o *periculum in mora* do processo civil), devendo, entretanto, somente ser mantida enquanto comprovada a sua necessidade, ou seja, enquanto aquelas circunstâncias iniciais que ensejaram a decretação da medida existirem e se mantiverem.

Tendo em conta a necessidade de um revestimento garantista:

1) O novo texto do art. 283 dispõe que a prisão provisória somente será legítima se necessária nos termos da lei, em conformidade com a garantia da presunção da inocência.[140]

2) O art. 311 do CPP, que trata da prisão preventiva, não traz efetiva modificação pela nova redação a ele dada, estabelecendo o art. 312, entretanto, novos pressupostos e requisitos da prisão preventiva. Inicialmente fundamentada apenas pela prova da existência do crime e indício suficiente de autoria, a nova redação exige que haja "fundadas razões de que o indiciado ou acusado venha a criar obstáculos à instrução do processo ou à execução da sentença ou venha a praticar infrações penais relativas ao crime organizado, à probidade administrativa ou à ordem econômica ou financeira consideradas graves, ou mediante violência ou grave ameaça à pessoa".[141]

3) O art. 313 estabelece outras condições legais que devem também constar juntamente com os pressupostos e requisitos para justificar a prisão preventiva, quais sejam, primeiro, nos crimes dolosos punidos com pena máxima superior a 4 (quatro) anos; ou, segundo, se o indiciado ou acusado tiver sido condenado por outro crime doloso, em sentença transitada em julgado, ressalvado o disposto no art. 64, I, do CP (reincidência).

4) A modificação efetuada no art. 315 diz respeito à modificação do termo despacho (irrecorrível, portanto, como no atual texto), por decisão (decisão interlocutória, passível de recurso), fundamentada nos termos constitucionais do art. 93, IX, da CF/88.

5) A possibilidade de substituição da prisão preventiva pela domiciliar é outra inovação "politicamente correta" assumida pelo novo texto da reforma,[142] consistindo esta prisão no recolhimento do indi-

---

[140] Art. 283 (nova redação): "Ninguém poderá ser preso senão em flagrante delito ou por ordem escrita e fundamentada da autoridade judiciária competente, em decorrência de sentença condenatória transitada em julgado ou, no curso da investigação ou do processo, em virtude de prisão temporária ou prisão preventiva."

[141] Excepcionalmente, ainda poderá ser decretada em caso de descumprimento de qualquer das obrigações impostas por força de outras medidas cautelares (art. 282, § 4º).

[142] Tal possibilidade é prevista no caso de indiciado ou acusado maior de 70 anos, ou sujeito a severas conseqüências de doença grave, ou seja necessário aos cuidados especiais de menor de 7 anos de idade, ou de deficiente físico ou mental, além da gestante a partir do sétimo mês de gravidez ou sendo esta de alto risco, sendo exigido pelo Juiz prova idônea da existência de tais circunstâncias.

ciado ou acusado em sua residência, sendo estritamente necessária autorização judicial para dela ausentar-se, pena de revogação da mesma.

6) O art. 319, que anteriormente tratava da prisão administrativa, pela nova redação trata de outras medidas cautelares, no caso da impossibilidade da decretação da prisão preventiva, seja pela ausência de algum dos seus pressupostos, requisitos ou condições legais já citadas anteriormente. Tais medidas[143] em muito se assemelham às condições para a concessão da suspensão condicional do processo (art. 89 da Lei 9.099/95), tratando-se, via de regra, de medidas assecuratórias para o normal andamento da instrução judicial, sendo, inclusive, aplicáveis cumulativamente no caso de concessão de liberdade provisória.

7) A redação dada ao artigo 300 simplesmente repete a regra estabelecida no artigo 84 da LEP e no art. 3º, da Lei n. 7.960/89, que dispõe sobre a prisão temporária. Não há grande modificação, uma vez que o respeito a este dispositivo refere-se mais à política de segurança do que uma fiscalização por parte da defesa, haja vista a deficiência em nosso sistema prisional e as diversas dificuldades encontradas na execução penal.

8) O novo art. 310 do CPP prescreve que o Juiz, ao receber o auto de prisão em flagrante, deverá – sempre fundamentadamente –, ou relaxar a prisão ilegal (como já determinado pelo art. 5º, LXV, da CF/88), ou converter a prisão em flagrante em preventiva, ou conceder a liberdade provisória, com ou sem fiança. Interessante inovação resta

---

[143] São estas outras medidas: 1) o comparecimento periódico em juízo, quando necessário para informar e justificar atividades; 2) proibição de acesso ou freqüência a determinados lugares em qualquer crime, quando, por circunstâncias relacionadas ao fato, deva o indiciado ou acusado permanecer distante desses locais para evitar o risco de novas infrações; 3) proibição de manter contato com pessoa determinada quando, por circunstâncias relacionadas ao fato, deva o indiciado ou acusado dela permanecer distante; 4) proibição de ausentar-se do país em qualquer infração penal para evitar fuga, ou quando a permanência seja necessária para a investigação ou instrução; neste caso, a proibição será comunicada pelo juiz às autoridades encarregadas de fiscalizar as saídas do território nacional, notificando-se o indiciado ou acusado a entregar o passaporte, no prazo de 24 horas; 5) recolhimento domiciliar no período noturno e nos dias de folga nos crimes punidos com pena mínima superior a dois anos, quando o acusado tenha residência e trabalho fixos; 6) suspensão do exercício de função pública ou de atividade de natureza econômica ou financeira quando haja justo receio de sua utilização para a prática de novas infrações penais; 7) internação provisória do acusado em crimes praticados com violência ou grave ameaça, quando os peritos concluírem ser inimputável ou semi-imputável (art. 26 e parágrafo único do CP) e houver risco de reiteração; 8) fiança, nas infrações que a admitem, para assegurar o comparecimento aos atos do processo (medida, portanto, de contracautela), evitar a obstrução do seu andamento ou em caso de resistência injustificada a ordem judicial, providência que poderá ser cumulada com outras medidas cautelares, em decisão devidamente motivada e justifcada pela autoridade judiciária.

no *caput* do referido artigo, que prevê a possibilidade da concessão de liberdade provisória sem a necessidade de oitiva do Ministério Público.

Ora, em sendo possível ao Ministério Público inclusive o pedido de arquivamento do inquérito policial por falta de interesse de agir, parece-nos um pouco quanto equivocada a dispensa da ouvida do *parquet* em qualquer momento do processo. Mais uma vez, afasta-se da ideologia de um processo penal acusatório as pequenas (porém de desastrosos efeitos) modificações existentes no novo projeto de reforma.

Por certo que, uma vez existente um plano de reformulação do diploma processual penal, não podemos simplesmente aprová-lo ou criticá-lo, sendo necessário analisar os prós e os contras das alterações vistas até aqui.

Repetimos, e não poderemos nunca deixar de repensar que a Constituição, em sendo a Lei Maior, está acima de qualquer outra norma, e que as regras previstas no Código de Processo Penal devem ser compatíveis com os princípios e garantias esculpidos nesta Lei Maior, sob pena de abuso, invalidade e ineficácia da sua aplicação. Então, *o que está por trás de uma reforma?*

Notório em explicações sobre a necessidade de uma reforma do Código de Processo Penal (que veio concomitante à reforma do Código Penal) uma *necessidade de resposta aos anseios da sociedade, que se defronta diariamente com um quadro assustador de violência e criminalidade.*

A implosão de novas leis, que determinam novos crimes e penas mais severas, por si só não bastam para assegurar o poder estatal de seu pretenso poder de estabilização das relações sociais, excluindo-se o elemento que se desvirtue das normas (pré) estabelecidas pelo grupo social.

É necessário, sob o manto de uma perspectiva garantista, que sejam criadas novas formas procedimentais de manter o acusado/indiciado longe dos seus tutelados, ao mesmo tempo demonstrando respeito aos postulados garantistas esculpidos na Constituição de 1988.

Não obstante o texto da reforma, as garantias constitucionais aplicáveis ao processo penal não perdem sua eficácia pelo simples fato de se considerarem contempladas pela nova redação do texto de lei, sendo aplicáveis a qualquer momento, com entendimento amplo e flexibilizado (diferentemente da norma infraconstitucional, rígida por natureza).

Talvez a necessidade de abreviação dos procedimentos na esfera penal tenha levado os "reformadores" a uma posição confortável de defensores da Constituição; entretanto, analisar os aspectos negativos de uma reforma essencialmente política é obrigação de quem se dispõe a estudar o processo penal, e que abordaremos, por fim, em nosso último capítulo.

9. *Sumarização e processo penal garantista*

A sumarização no/do processo penal pode ser examinada no plano das tutelas de urgência, como ocorre no caso do *habeas corpus*, das medidas chamadas acautelatórias, como a prisão provisória, bem como no plano das medidas assecuratórias, como no arresto, assim como também do ponto de vista da técnica de sumarização procedimental, prevista na legislação do Juizado Especial Criminal tanto no âmbito estadual quanto federal.[144]

Tendo em vista a limitação da presente obra, que visa a estabelecer uma crítica à teoria unitária do processo, através do estudo da sumarização no processo penal e suas conseqüências frente ao Estado Democrático de Direito, examinaremos o tema num plano mais geral, com enfoque na problemática em si, que é a contradição existente na defesa em uma idéia de processo penal garantista, com os riscos da sumarização.

Para tanto, essencial que seja feita uma breve reflexão sobre a cognição processual, que, plena, inerente e essencial ao processo penal, vem sendo mitigada, sob o ponto de vista garantista, tendo por escopo uma aceleração dos procedimentos. É o que vemos, claramente, no caso das medidas cautelares, uma vez que a simples probabilidade e aspectos subjetivos podem levar o Magistrado a aplicá-las.

É Malatesta quem estabelece a seguinte graduação em matéria criminal:

---

[144] Considerando que a doutrina nacional na área de processo penal ainda se mantém presa ao dogmatismo do Código de Processo Penal ou mera repetição dos termos utilizados pelo processo civil tradicional, temos na proposta no tema um campo de análise a percorrer. Cumpriria refletir da viabilidade de uma classificação de tutelas semelhante àquela que se apresenta na moderna processualística civil ou seria tempo de afastar qualquer comparação e encontrar novos rumos.

"relativamente a determinado objeto, é possível uma mínima probabilidade, que denomina de verossímil, uma probabilidade média, que chama de provável e a probabilidade máxima, que seria o probabilíssimo".

Já Hernando Devis Echandia fala em *graus de eficácia probatória*, adotando a mesma classificação de Malatesta, advertindo

"que es más correcto hablar de credibilidad que de posibilidad o de verosimilitud, y que 'verosímil no es lo que puede ser verdad real, sino lo que tiene apariencia de serlo, no lo que se nos presente simplemente como posible, sino lo que, por razones más o menos determinadas, no inclinamos a creer que es real'; por lo cual hace coincidir la verosimilitud con el primer grado de la probabilidad, que tiene três: lo verosímil, lo probable y lo probabilísimo".[145]

Assimilando as noções propostas por Calamandrei, e, aceitando a dificuldade em se estabelecer uma diferença precisa entre as noções de *possibilidade, verossimilhança e probabilidade,* entendemos que:

a) *possível* é o que pode ser verdadeiro;

b) *verossímil* é o que tem aparência de ser verdadeiro;

c) *provável* é o que se pode provar como verdadeiro.

Assim, tomando-se como termo de referência a comprovação da verdade, tais qualificações constituem uma gradual aproximação, sendo um fato *verossímil* muito mais próximo do reconhecimento do que é verdadeiro do que o que é simplesmente *possível*.

Quem diz que um fato que é *provável*, por sua vez, está mais próximo da verdade do que alguém que reputa um fato como *verossímil*, pois vai além da aparência, começando a admitir que há argumentos para que se creia que tal aparência corresponde à realidade.

Entretanto, uma vez que a convicção do juiz, na cognição sumária, apresenta todos os referidos graus, caberá somente a este a apreciação de tais circunstâncias, que devem ser definidas em relação à especificidade do caso concreto.

Interessante diferenciação podemos destacar aqui ao *separarmos a cognição do processo civil e do processo penal*, pois:

---

[145] MALATESTA, *Apud* WATANABE, Kazuo. Op. Cit., p. 36. "que é mais correto falar de credibilidade que de possibilidade ou de verossimilhança, e que 'verossímil não é o que pode ser verdade real, senão o que nos é apresentado simplesmente como possível, sendo o que, por razões mais ou menos determinadas, não inclinamos a crer que é real': pelo qual faz coincidir a verossimilhança com o primeiro grau da probabilidade, que, tem três: o verossímil, o provável e o probabilíssimo."

– *a cognição sumária*, em se tratando da *seara cível*, tem por função ser simples instrumento para a tutela de um direito, e não para a declaração de sua certeza, sendo a exigibilidade de uma probabilidade em seu grau máximo desnecessário, e inclusive inútil ao fim a que se destina;
– *no processo penal*, a cognição sumária que permite a aceleração dos procedimentos com a decretação de medidas cautelares deve ser entendida de modo restrito, e somente possível se atingido o grau máximo de aproximação dos fatos com a verdade.

De acordo com Fairen Guillén, há uma distinção importante a ser apontada entre a diferença do processo sumário dos procedimentos simplesmente acelerados – plenários rápidos –, sendo que se pode chamar, efetivamente, de processo sumário, aquele que, em decorrência da necessidade de rapidez, limita a cognição, restringindo seu conteúdo material através de uma limitação dos direitos da parte com relação aos meios de defesa. A "sumariedade" dos plenários rápidos, pelo seu entendimento, seria simplesmente de caráter formal, ao passo que a dos sumários propriamente ditos teria caráter material.[146]

Adroaldo Furtado Fabrício adota essa distinção do processualista ibérico (plena completitude ou não da *cognitio*), mas esclarece que, "sob a pressão da necessidade de simplificação do processo comum medievo, foi-se formando, ao lado do juízo 'materialmente' sumário, um procedimento cuja sumariedade era apenas formal, porque 'plenária' a cognição nele envolvida", de modo que houve a extensão da denominação "sumário" a procedimentos de cognição plena."[147]

9.1. Celeridade processual *versus* direito à defesa e ao julgamento da causa

José Rogério Cruz e Tucci,[148] tratando da temática tempo e processo, alerta, ao falar sobre os mecanismos de aceleração do processo, que:

---

[146] GUILLÉN, Fairen. *El juicio ordinário y los plenários rápidos*. Barcelona, 1953, p. 41-51.
[147] FABRÍCIO, Adroaldo Furtado. *Doutrina e prática do procedimento sumaríssimo*. Apud WATANABE, Kazuo. Da cognição, p. 130-131.
[148] TUCCI, José Rogério Cruz e. *Tempo e processo* – uma análise empírica das repercussões do tempo na fenomenologia processual (civil e penal), São Paulo, Editora Revista dos Tribunais, 1998, p. 125.

"o denominado princípio da aceleração (*Beschleuningungsprinzip*) ou da celeridade procedimental tem a finalidade de informar a sucessão temporal dos atos processuais. Mediante uma combinação racional das regras de preclusão, eventualidade e concentração, pode ser obtida considerável economia de tempo."

Os motivos que justificam, como técnica procedimental visando a diminuir a duração do processo, a adoção da denominada tutela sumária *lato sensu*, são retratados por Tucci, em três aspectos, que entendemos por bem dispor em sua íntegra:

1º) o de evitar (às partes e à administração da justiça) o custo do processo de cognição plenária quando este não é presumivelmente justificado por uma contestação plausível: esta categoria engloba os títulos executivos extrajudiciais, o procedimento monitório, etc.;

2º) o de assegurar a efetividade da tutela jurisdicional nas situações de vantagem, que, tendo conteúdo e/ou função (exclusiva ou prevalentemente) não-patrimonial, sofreriam dano irreparável decorrente do longo tempo necessário para o desfecho da demanda plenária: esta compreende a tutela sumária antecipatória cautelar e não-cautelar determinada por razões de urgência; e,

3º) o de evitar o abuso do direito de defesa pelo réu (mediante o emprego dos instrumentos de garantia previstos no procedimento ordinário do processo de conhecimento), que, também, produziria dano irreparável ao demandante derivado da inerente duração da causa: esta encerra as medidas cautelares conservativas e a condenação com reserva de exceções.[149]

Por óbvio que tais argumentos devem ser cuidadosamente revistos ao se refletir sobre esta sumarização no processo penal, tendo sido, entretanto, largamente utilizados, como tendências político-criminais para fundar as reformas legislativas, sendo defendido a transparência, a desburocratização e a celeridade como corolários da nova estrutura acusatória do projeto de reforma do Código de Processo Penal.

Imperam, sobretudo, o discurso da celeridade (*dromologia processual*), da informalização (*minimização dos procedimentos*) e da criação de modelos de justiça penal consensual (*privatização do processo penal*), confirmando-se, desta forma:

---

[149] La tutela sommaria, in *Appunti sulla giustizia civile*, cit., p. 322 e ss; Appunti sulla tutela sommaria – i processi speciali, in *Studi offerti a Virgilio Andrioli daí suoi allievi*, Napoli, Jovene, 1979, passim., *Apud* TUCCI, José Rogério Cruz e."Tempo e processo", p. 126.

"cada vez mais, a tendência de fomentar (manter) sistemas inquisitoriais, suprindo os direitos de ampla defesa. Há, em nome da eficácia e luta contra a impunidade, substancial diminuição das garantias processuais como os princípios da *presunção de inocência* e do *contraditório* (gradual inversão do ônus da prova e inserção de juízos de periculosidade), da *individualização* (taxação cada vez maior das penas), da *oralidade* (ampliação das formas escritas), da *imparcialidade do juiz* (gestão da prova pelo órgão julgador) e da *idoneidade da prova* (admissibilidade de provas tradicionalmente consideradas ilícitas e/ou provas ilícitas por derivação)".[150]

Nesta mesma orientação, entendemos que a transformação do sistema processual penal em um sistema cada vez menos judicializado (com todas as garantias inerentes ao processo, que somente são exigíveis a partir da formalização do mesmo), e mais administrativo, através de procedimentos de abreviação ou mesmo de composição dos litígios (como é o caso da transação penal), produz séria crise no conjunto das normas e dos mecanismos que negam a informalidade de controle social.

Em sendo a tutela dos direitos fundamentais o fundamento do garantismo penal, nos parece claro que formas diversas de solução ao caso penal, que não a judicial, através de um devido processo legal, são formas ilegítimas, e inaceitáveis, que não se compatibilizam com o sistema acusatório adotado claramente pela nossa Carta Magna.

Ora, graças à nossa estrutura normativa, em que não só as resoluções judiciais como também as leis são virtualmente excepcionais quando inválidas, quando se entende que entram em conflito com normas superiores, Ferrajoli constata que "De ello se deriva, (...) una disociación estructural entre vigencia y validez, que permite la crítica y la censura 'internas' de las leyes vigentes consideradas inválidas, y que constituye, al mismo tiempo, el rasgo caracterísitico del 'estado de derecho' y la razón de su latente y difusa ilegitmidad jurídica."[151]

---

[150] CARVALHO, Salo de. "As reformas parciais no processo penal brasileiro: crítica aos projetos de informatização dos procedimentos e privatização dos conflitos" *Anuário do programa de pós-graduação em direito, mestrado e doutorado* - UNISINOS, 2001, p. 303-344.
[151] FERRAJOLI, Luigi. *Derecho y razón.* p. 695-696. "Disso se deriva, (...) uma dissociação estrutural entre vigência e validade, que permite a crítica e a censura 'internas' das leis vigentes consideradas inválidas, e que constituem, ao mesmo tempo, o traço característico do 'estado de direito' e a razão de sua latente e difusa ilegitimidade jurídica." Tradução da autora.

Muito embora exista esta hierarquia constitucional, tendo em vista o crescente processo de criações legislativas como forma de resposta simbólica do Estado ante os anseios sociais contra a criminalidade, defende, ainda Ferrajoli a necessidade de introdução, em sede constitucional, de uma *reserva de código* penal e processual penal, orientando-se pelo princípio *toda matéria penal e processual penal no Código, nada fora do Código*, restando ao legislador a vinculação ao sistema, obrigando-se-o a trabalhar pela sua unidade e coerência.

Entende Ferrajoli, inclusive, que

"Existe, en suma, y más allá de las fórmula de legitimación, el peligro de que la práctica del pacto – como por lo demás ha demonstrado la experiencia americana – pueda provocar una importante perversión burocrática y policial de una buena parte de la justicia penal, transformando el juicio en un lujo reservado sólo a quienes estén dispuestos a afrontar sus costes y sus riesgos. Y de que el proceso pueda quedar reducido a un juego de azar en el que el imputado, incluso inocente, se coloque ante la disyuntiva entre condena a una pena reducida y el albur de un juicio ordinario que puede cerrarse con la absolución pero también con una pena mucho más grave.[...]"

"Todo el sistema de garantías queda así desquiciado: el nexo causal y proporcional entre delito y pena, ya que la medida de ésta no dependerá de la gravedad del primero sino de la habilidad negociadora de la defensa, del espíritu de aventura del imputado y de la discrecionalidad de la acusación; los principios de igualdad, certeza y legalidad penal, ya que no existe ningún criterio legal que condicione la severidad o la indulgencia del ministerio público y que discipline la partida que ha emprendido con el acusado; la inderogabilidad del juicio, que implica infungibilidad de la jurisdicción y de sus garantías, además de la obligatoriedad de la acción penal y de la indisponibilidad de las situaciones penales, burladas de hecho por el poder del ministerio fiscal de ordenar la libertad del acusado que se declara culpable; la presunción de inocencia y la carga de la prueba a la acusación, negadas sustancial, y que no formalmente, por la primacía que se atribuye a la confesion interesada y por el papel de corrupción del sospechoso que se encarga a la acusación cuando no a la defensa; el principio de contradicción, que exige el conflicto y la neta separación de funciones entre las partes procesales. Incluso la propia naturaleza del interrogatorio queda pervertida: ya no es medio de instauración del contradictorio a través de la exposición de la defensa y la contestación de la acusación, sino relación de fuerza entre investigador e investigado, en el que el primero no tiene que asumir obligaciones probatorias sino presionar sobre el segundo y recoger sus autoacusaciones".[152]

Seguindo esta linha crítica garantista, concordamos com Ferrajoli em sua defesa de um programa de direito penal mínimo, tendo por base um amplo processo de descriminalização e na "reserva de código", sendo tais pontos essenciais para a potencialização do garantismo no sistema penal e processual penal, que se resume na tutela do mais fraco na relação jurídico-penal; ou seja, a parte ofendida, no momento em que é cometido o delito; a pessoa do réu, quando este figura no processo, e o condenado, no momento posterior à sentença condenatória, que é o da execução.

Podemos concluir, portanto, que a celeridade dos provimentos jurisdicionais não é compatível com um sistema jurídico-penal que está embasado em uma Constituição garantista, que presa pela tutela dos direitos fundamentais, sendo parte desses, como já visto, o *direito que o réu tem ao devido tempo no processo*. Não excessivo, a ponto de mitigar-lhe o princípio primeiro e universal da dignidade da pessoa

---

[152] FERRAJOLI, Luigi. *Derecho y razón*, p. 748-749. "Existe, em suma, e mais além das fórmas de legitimação, o perigo de que a prática do acordo – como pelo demais demonstrou a experiência americana – possa provocar uma importante perversão burocrática e policial de uma boa parte da justiça penal, transformando o juízo em um luxo reservado só àqueles que estejam dispostos a desafiar seus custos e seus riscos. E de que o processo possa acabar reduzido a um jogo de azar entre aquele que é imputado, inclusive inocente, se coloque ante a disjuntiva entre condenação a uma pena reduzida e o albur de um julgamento ordinário que pode encerrar-se com a absolução porém também com uma pena muito mais grave. [...]
Todo o sistema de garantias fica assim desordenado: o nexo causal e proporcional entre delito e pena, já que a medida desta não dependerá da gravidade do primeiro senão da habilidade negociadora da defesa, do espírito de aventura do imputado e da discricionariedade da acusação; os princípios de igualdade, certeza e legalidade penal, já que não existe nenhum critério legal que condicione a severidade ou a indulgência do Ministério Público e que discipline a partida que empreendeu com o acusado; a inderrogabilidade do julgamento, que implica infungibilidade da jurisdição e de suas garantias, ademais da obrigatoriedade da ação penal e da indisponibilidade das situações penais, burladas de fato pelo poder do ministério fiscal de ordenar a liberdade do acusado que se declara culpável; a presunção de inocência e a carga da prova da acusação, negadas substancialmente, e que não formalmente, pela primazía que se atribui à confissão interessada e pelo papel de corrupção do suspeito que fica encarregado da acusação quando não à defesa; o princípio de contradição, que exige o conflito e a clara separação de funções entre as partes processuais. Inclusive a própria natureza do interrogatório fica pervertida: já não é meio de instauração do contraditório através da exposição da defesa e a contestação da acusação, senão relação de força entre investigador e investigado, no que o primeiro não tem que assumir obrigações probatórias senão pressionar sobre o segundo e recorrer suas autoacusações." Tradução da autora.

humana, mas não acelerado, a ponto de não se oportunizar a plena defesa pelo devido processo legal.

O direito de defesa impera sobre qualquer outro no processo penal, o que pode ser compreendido pela necessidade do contraditório e pela faculdade de manifestação sobre todas as provas produzidas em juízo e fora dele, entendendo-se, portanto, que quaisquer provimentos que não respeitem essa premissa básica estarão afrontando a norma constitucional.

A famosa "celeridade" no processo penal, que fica mascarada por justificativas com aspectos políticos, econômicos e de resposta imediata às demandas sociais, está muito além de ser um problema simplesmente de incoerência frente às premissas do Estado Democrático de Direito, que estabeleceu o sistema acusatório, eivando o processo penal de garantias previstas constitucionalmente e extraconstitucionalmente (como são as declarações e pactos internacionais), tratando-se de efetivo esquecimento dos postulados garantistas, voltando a ser o Estado figura inquisitória, que pretende afastar, o mais breve possível, o indivíduo que possivelmente não seguirá os preceitos normativos referendados pela sociedade, pouco importando as condições que se mostram antes (impossibilidade do Estado de atender às demandas básicas como educação, saúde e moradia) e após o delito (falência do sistema prisional e total ausência do caráter "ressocializador" da pena).

O tempo age a favor e/ou contra a sociedade, pois no momento em que acelera as relações, também provoca soluções mais rápidas, e geralmente menos sábias, às questões sociais. Entretanto, ao se tratar de processo penal, não podemos deixar que esta velocidade retire do indivíduo seus direitos e garantias fundamentais, nem nos deixarmos enganar pelas formas extrajudiciais de resolução dos conflitos, sob pena de estarmos deixando de lado a essência de tais direitos, que é a defesa da vida e da liberdade.

Da mesma forma, mister se faz que vislumbremos o tempo sob a ótica do acusado/réu/apenado, que certamente não é o mesmo do homem livre. Nem os indivíduos sentem da mesma forma o tempo, conforme aponta Burgelin.

> "Un temps qui n'est pas le même pour tous. Un temps qui n'est pas ressenti de la même manière par tous. Temps de l'attente, temps de l'angoisse. Le temps de la procédure: auditions, confrontations, comparutions, procès, prison, transfèrements, permissions de sortie: um rythme imposé, um temps subi."

"Et le 'temps qu'on tue' en prison. Le temps carcéral: à compter les jours. Calcul trop souvent arithmétique. Un temps qui devrait non seulement être un moment d'exclusion nécessaire mais également un moment utile pour soigner, enseigner et former et qui est trop souvent, malgré les efforts de formation et de proposition d'activités, une période uniquement négative dans la vie de l'individu".[153]

Mais importante do que um processo célere é a existência e a garantia de um "devido processo legal", onde seja defendida a presunção de inocência até última prova em contrário, sacramentada pela decisão condenatória transitada em julgado, em que seja possível identificarmos o réu não como "objeto" do processo penal, mas como "sujeito" do mesmo.

9.2. A deformação do processo penal pela informalização dos procedimentos – o exemplo dos Juizados Especiais

A Lei 9.099/95, ao anunciar a instituição dos juizados especiais cíveis e criminais, criou um novo procedimento sumaríssimo para as infrações penais de menor potencial ofensivo. Acompanhada mais tarde pela criação dos juizados especiais federais, Lei 10.259/01, foi uma verdadeira revolução, principalmente para o direito penal, onde conceitos como a "verdade material" foram substituídos por "verdade consensuada", em uma tentativa de privatização dos conflitos.

Substitui-se a finalidade instrumental do processo, e sua obrigatoriedade nos casos penais pelo princípio da oportunidade, abrindo-se um largo caminho para o consenso, onde a preocupação do processo não está em defender o réu dos possíveis arbítrios do Estado, garantindo-lhe toda aquela gama de proteções constitucionais, mas apenas "solucionar" o conflito.

---

[153] BURGELIN, Op. Cit., p. 37. "Um tempo que não é o mesmo para todos. Um tempo que não é sentido da mesma maneira por todos. Tempo de atenção, tempo de angústia. O tempo do procedimento: audiências, confrontações, comparações, processo, prisão, transferências, permissões de saída: um ritmo imposto".
E o 'tempo que nós matamos' na prisão. O tempo carceral: à contar os dias. Calculo muito comumente aritmético. Um tempo que deverá não somente ser um momento de exclusão necessária mas igualmente um momento útil para sonhar, ensaiar e formar e que é muito comumente, malgrado os esforços de formação e de proposta de atividades, um período unicamente negativo na vida do indivíduo." Tradução da autora.

" [...] sob a veste de uma legislação inovadora na processualística penal, em que impera a deformalização dos procedimentos, com adoção de princípios como da oralidade e imediatidade, da concentração das provas e da instrumentalidade das formas, trouxe de embrulho matéria concernente ao direito punitivo. Estatuíram-se mecanismos de abrandamento da sanção criminal, mas também se excogitaram outros que, mediante eufemismo, pretendem tornar não penal resposta jurídica cuja essência é caracteristicamente punitiva".[154]

Estamos, sem sombra de dúvida, diante de um modelo "apaziguador" das instabilidades sociais provocadas pelo delito, que, por ser de menor potencial ofensivo, não merece o remédio drástico da aplicação de uma pena. Mas aí reside o paradoxo: se o crime não tem lesividade suficiente para merecer a aplicação da lei penal, por que tem o seu autor que ser investigado, acusado, processado, e depois a ele ofertado a benesse de ter seu processo suspenso, sob a justificativa de pouca lesão?

Nos Estados Unidos, temos como similar dos institutos de sumarização do processo penal o instituto do *plea bargaining,* ato pelo qual o imputado manifesta sua decisão de declarar-se culpado, aceitando as imputações "acordadas" assim como a pena "pactuada", ao mesmo tempo em que renuncia a certas garantias processuais.

Embora muitos defendam que não se trata das raízes da suspensão condicional do processo, pelo simples fato de no *plea bargaining* ainda não haver a instauração de um processo, e no caso da Lei 9.099/95, já ter sido a denúncia recebida e, só então, suspende-se o processo, entendemos tratar-se de um mesmo instituto, supressor de garantias processuais, e, portanto, deslocado de um sistema garantista inerente ao Estado Democrático de Direito.

Entre os que defendem da necessidade de uma distinção entre os institutos está Luiz Flávio Gomes, que, tratando sobre o tema, justifica sua posição:

"Essa proposta (do Ministério Público), só pode ser feita em audiência. Mais precisamente, na audiência preliminar de que cuida o art. 72. Neste ato, presente o representante do Ministério Público, o autor do fato e a vítima e, se possível, o responsável civil, acom-

---

[154] AZEVEDO, David Teixeira. *Atualidades no direito e processo penal.* São Paulo, Método Editora, 2001, p. 77.

panhados por seus advogados, o juiz esclarecerá sobre a possibilidade da composição dos danos e da aceitação da proposta de aplicação imediata de pena não privativa de liberdade. Assim o legislador delineou nosso *procedimento diretíssimo*, praticamente como se passa no direito italiano com a 'aplicação da pena a requerimento das partes' (v. Buono e Bentivoglio, 1991, p. 85 e ss). *Mas, como se percebe, não se trata do plea bargaining norte americano nem do procedimento por ordem penal. Não se trata do famoso instituto norte-americano porque a conciliação deve ser feita em audiência, na presença do juiz. Não é o caso de as partes fazerem o acordo fora dos autos (extrajudicial) e o juiz só homologar. Tudo será feito em audiência por causa da oralidade.* Esta é que garante a imediação do juiz e a publicidade. De outro lado, o juiz sempre fiscalizará se a aceitação do imputado está sendo feita com total liberdade e consciência. É o juiz que *esclarece* sobre a aceitação da proposta. O Ministério Público não pode fazer nenhuma barganha fora da audiência, fora da presença do juiz."[155]

Defende, também, referido autor, sobre a possibilidade de transação no processo penal, justificando-a em nível constitucional, pelos artigos: 98, I, que a autoriza, nas hipóteses previstas em lei; cabe ainda mencionar o art. 129, I, que fala sobre a função privativa do Ministério Público de promover a ação penal pública.

Na tentativa de dissociar o instituto brasileiro do americano, justifica o autor que no *plea bargaining* norte-americano há uma ampla possibilidade de transação: sobre os fatos, sobre a qualificação jurídica, bem como sobre as conseqüências penais. O mesmo, em sua concepção, não ocorre na suspensão condicional do processo, ressalvando que a transação tem por objeto exclusivamente o avanço ou não do processo, sendo que no sistema norte-americano o acordo pode ser feito extraprocessualmente. A presença do juiz, em nosso sistema, seria o grande diferencial.

Embora sejam muitas as finalidades de um instituto como o da suspensão condicional do processo, podemos elencar algumas, que nos parecem interessantes até para pautar a crítica à novidade trazida pela Lei 9.099/95. Assim, segundo respaldada doutrina, estão entre as finalidades:

---

[155] GOMES, Luiz Flávio. *Suspensão condicional do processo penal*. São Paulo, RT, 1995, p. 51.

1) desburocratizar a Justiça;
2) agilizar os procedimentos (associado ao item anterior);
3) evitar a aplicação de pena de curta duração;
4) evitar a estigmatização derivada do próprio processo.

Discordamos, entretanto, de tais argumentos. Aproveitando para fazer neste momento uma pequena crítica às reformas que, ao que se vê, serão efetivamente implantadas ao Código de Processo Penal, reflitamos sobre os pontos antes abordados:

A *defesa de uma desburocratização da Justiça pela aceleração dos procedimentos* é conseqüência direta da influência do tempo no processo. Na "era digital", descomplicar virou palavra de ordem, inclusive dentro dos Tribunais, optando-se pela celeridade eficientista. Ora, em um processo penal que se vislumbre com uma feição minimamente garantista, tal premissa é incompossível. Tal finalidade poderia muito bem ser adequada aos procedimentos da área civil, porém quando nos defrontamos com o direito penal, é eminente o perigo que se corre ao tirar algumas formalidades inerentes ao processo, para que se possa dar uma resposta mais rápida à sociedade.

Assim, parece-nos nítido, como leciona Salo de Carvalho, em crítica às reformas do Código de Processo Penal, que "a meta eficientista é clara e pulverizada nas várias fases do procedimento: na manutenção do inquérito policial; na ação penal *ex officio*, na estrutura das provas e no sistema judicial de gestão; nas hipóteses amplas e abertas de justificação da prisão preventiva; no regime de impugnações e nulidades; nas possibilidades de alteração do objeto e do conteúdo da denúncia pelo juiz na sentença penal *et coetera.*"[156]

O *discurso de evitar a aplicação da pena de curta duração* também não pode ser aceito, no momento em que adotamos um discurso bem simples e objetivo de critérios de criminalidade: se o delito é tão leve de forma que não tem capacidade de provocar "ranhuras" à sociedade, por que então têm eles que permanecer como delitos ou, pior, ser apontados pelo acusador (MP) e valorizados pelo magistrado, para depois se aplicar uma suspensão do processo?[157]

---

[156] CARVALHO, Salo de. *As reformas* (...), p. 305-306.

[157] Ao analisar o discurso adotado na exposição de motivos do CPP, destaca Salo de Carvalho "(...) impunha-se o seu ajustamento ao objetivo de maior eficiência e energia da ação repressiva do estado contra os que delinqüente", Para os reformadores, as leis de processo penal vigentes na época "asseguram aos réus, ainda que colhidos em flagrante e ou confundidos pela evidência das provas, um tão extenso catálogo de garantias de favores, que a repressão se torna necessa-

Tal idéia, a nosso ver, além de demonstrar um profundo retrocesso, ante a conquista de tantas normas que primam pelas garantias individuais de ampla defesa, contraditório e da presunção de inocência, contribui para aquela idéia de "combate à criminalidade", amplamente divulgado com o modelo ideológico da Defesa Social.

Ensina-nos Baratta que a ideologia da Defesa Social perfaz a estrutura das Ciências Penais e do senso comum sobre criminalidade desde a construção da moderna teoria do Direito Penal, nascendo com o pensamento ilustrado e revigorando seus postulados com o tecnicismo, sendo, nuclearmente, a estrutura da Escola Positiva italiana.[158]

Continua, referido autor, retratando a ideologia da Defesa Social, que nasce como sistema de controle social de reação contra a criminalidade. O controle social tem no sistema penal (espécie daquele gênero) engenharia específica, porgramada funcionalmente para a erradicação da criminalidade.[159]

A *idéia de se evitar a estigmatização derivada do próprio processo* também é justificativa que não cabe ao instituto da suspensão condicional do processo, pois muito embora tenhamos que concordar que o processo, por si só, já é uma pena, tendo em vista todo um cerimonial degradante imposto ao acusado, não é a suspensão condicional do processo o meio que entendemos legítimo para limitar ao mínimo o sofrimento do acusado de um delito.

---

riamente defeituosa e retardatária, de correndo daí um indireto estímulo à expansão da criminalidade". Assim, " urge que seja a abolida a injustificável primazia do interesse do indivíduo sobre o da tutela social. O indivíduo, principalmente quando vem de se demonstrar rebelde a disciplina jurídico penal da vida em sociedade, não pode invocar, em face do estado, outras franquias ou imunidades além daquelas que o assegure contra o exercício do poder público fora da medida reclamada pelo interesse social. " (p. 304-305).

[158] BARATTA, Alessandro. Criminologia Crítica y Crítica del Derecho Penal, p. 42, *in* CARVALHO, Salo. *Anuário*, p. 306.

[159] Baratta reconstruiu a ideologia da Defesa Social a partir da seguinte principiologia: "(a) *princípio da legitimidade:* o Estado, através de suas agências (legislação, polícia, magistratura, instituições penitenciárias) representa a legítima reação da sociedade na reprovação e condenação dos indivíduos desviantes, reafirmando os valores e normas sociais; (b) *princípio do bem e do mal:* a infração às normas é considerada como dano social e o delinqüente como elemento disfuncional e negativo, fragmentando de forma maniqueísta a estrutura social entre os fiéis cumpridores da lei e aqueles que dela zombam; (c) *princípio da culpabilidade:* o delito representa atitude reprovável porque contraria os valores e normas sociais homogêneas sancionadas por legislador racional; (d) *princípio do fim ou da prevenção:* função da pena oscila entre a prevenção geral negativa, impondo intimidação e contramotivação ao indivíduo, e a prevenção especial positiva, atuando como ressocializadora; (e) *princípio da igualdade:* os criminosos representam uma minoria, sendo que a lei penal incide paritariamente contra todos indivíduos que a infringe; (f) *princípio do interesse social e do delito natural:* o delito representa a ofensa aos bens comuns, aos interesses fundamentais e essenciais da sociedade."

Ora, analisando-se, mesmo de forma perfunctória, o instituto, vemos claramente que o que está sendo mitigado, no instituto previsto no art. 89 da Lei 9.099.95 é, no dizer de David Teixeira de Azevedo, o "risco da absolvição". E, mais grave do que isto, a possível conseqüência absolutória da sentença fica dissolvida no próprio risco do processo, como se o vetor deste não se dirigisse também ao órgão acusador, mas exclusivamente à defesa. O que temos, no sistema da barganha, é a cedência de apenas uma das partes, sendo induvidosamente, a mais frágil, obtendo a acusação sucesso qual seja a pena criminal.[160]

Não bastasse o simples fato de o princípio da "dignidade da pessoa humana" ser basilar para o compreender de um processo penal garantista, temos que também absorver a idéia do "direito a um processo", à prova da inocência, ou, mais ainda, prova da falta de justa causa (filtro que escolhemos para evitar a ação penal) ensejadora da própria ação, pela inexistência de lesão a bem jurídico penal.[161]

9.3. Análise da sumarização à luz do garantismo

O ideário garantista remonta o Iluminismo e as grandes filosofias de valorização do homem, partindo da noção metateórica da centralidade da pessoa e de seus direitos fundamentais. Da mesma forma, tem por base a anterioridade lógica da sociedade em relação ao Estado, uma vez que este somente existe como produto da vontade dessa coletividade.

---

[160] AZEVEDO, David Teixeira. Op. Cit. p. 77. Aduz ainda o autor que "Subjaz à legislação a meia verdade de ser o processo em si mesmo mais aflitivo que a própria sanção criminal. E com fundamento nessa falsa premissa, está a oferecer-se o suposto menos (pena) em troca do suposto mais (inexistência de decisão de mérito, como se fora necessariamente prejudicial ao acusado)." Tal inversão jurídica lógica e axiológica explica-se "com a afirmação de que a 'conformidade' não significa a assunção de culpa com todas as suas conseqüências, nem seu reconhecimento pelo Judiciário, que sobre ela não se manifestaria, e isto em razão da única formalidade, de natureza eminentemente processual, de inexistência de sentença penal condenatória. Porque não há sentença, não há culpa penal, como se o ato decisório do Poder Judiciário fizesse nascer uma categoria do crime, supostamente não preexistente e imanente à própria conduta delituosa."

[161] Importante observar a necessidade, quando trabalhamos com a justa causa no processo penal, que o bem jurídico atingido não pode apenas estar elencado em lei, senão ser um bem jurídico penal, ou seja, de relevância tamanha que o direito penal tenha que efetivamente ocupar-se de sua proteção. Desta forma, estão fora dessa qualidade os delitos já incorporados às práticas sociais como o descaminho de cigarros e o furto famélico.

O indivíduo, dessa forma, passa a ser sujeito de direitos, e não mais mero objeto do Direito, rompendo com a ficção da justiça ligada à religião, desligitimando-se o Estado a decidir como deve ser a conduta ética ou impor uma moral ao homem, sendo a função deste apenas observar o cumprimento do regramento jurídico. Pelo processo de secularização, o Direito Penal passa a ter por objeto não mais a pessoa que cometeu o ilícito, mas o fato em si, sendo a pena conseqüência da ação do homem, e não sanção a ser aplicada pela sua índole criminosa.

Ferrajoli, em sua obra "Derecho y razón", palestra sobre um tríplice conceito de garantismo, que é, antes de tudo, um modelo de Direito, significando portanto, a submissão à lei constitucional, à qual todos deverão ser sujeitados. Assim, internalizando-se normas de caráter global como a tutela dos direitos fundamentais, todos os poderes estão submetidos à vontade da lei que transformará os direitos fundamentais em direito constitucional interno.

Nascendo no âmbito dos direitos individuais, na tradição iluminista, como forma de limite ao poder soberano estatal, o garantismo tem por pilares a liberdade pessoal, de consciência, entre outros, bem como a influência, neste processo, da estipulação dos direitos positivos sociais, agregados aos direitos negativos de liberdade.

Nesta *primeira acepção*, o garantismo designa um *modelo normativo de direito*, respeitando o princípio da estrita legalidade, que, conforme Ferrajoli,

> "[...] en el plano epistemológico se caracteriza como un sistema cognoscitivo o de poder mínimo, en el plano político como una técnica de tutela capaz de minmizar la violencia y de maximizar la libertad y en el plano jurídico como un sistema de vínculos impuestos. En consecuencia, es 'garantista' todo sistema penal que se ajusta normativamente a tal modelo y lo satisface de manera efectiva".[162]

O garantismo também pode ser visto por um *segundo prisma*, onde sua concepção designaria uma *teoria jurídica* tanto da validade e da efetividade como categorias distintas entre si, como também da existência e da vigência das normas. Há uma nítida necessidade de

---

[162] FERRAJOLI, Luigi. *Derecho y razón*, p. 851-852. "[...] no plano epistemológico se caracteriza como um sistema cognoscitivo ou de poder mínimo, no plano político como uma técnica de tutela capaz de minimizar a violência e de maximizar a liberdade e no plano jurídico como um sistema de vínculos impostos. Conseqüentemente, é 'garantista' todo sistema penal que se ajusta normativamente a tal modelo e o satisfaz de maneira efetiva." Tradução da autora.

separação, segundo esta acepção teórica, da idéia do "ser" e do "dever ser" no direito.

Esta teoria, por sua vez, propõe como questão teórica central a divergência que existe entre os modelos normativos (de tendência garantista) e as práticas operativas (claramente antigarantistas), interpretando-a pela antinomia existente entre validade (e ineficácia) dos primeiros e efetividade (e invalidade) dos segundos.

A diferenciação entre o modelo normativo e a realidade social são a base da crítica garantista à falta de validade e, portanto, impossibilidade de aplicação da norma jurídica. Tal crítica não é externa, senão interna, científica e jurídica, assumindo como universo do discurso jurídico a totalidade do direito positivo vigente.

Por derradeiro, uma *terceira acepção* de garantismo está atrelada a uma *filosofia política*, que impõe ao direito e ao Estado a carga da justificação externa conforme os bens e aos interesses cuja tutela e garantia constitui precisamente a finalidade de ambos. O garantismo pressupõe a doutrina laica de separação entre direito e moral, entre validade e justiça, entre ponto de vista interno e ponto de vista externo, na valoração do ordenamento, isto é, entre "ser" e "dever ser" do direito.

Estas três acepções de garantismo, segundo o próprio autor,

"Delinean, efectivamente, los elementos de una teoria general del garantismo: el carácter vinculado del poder público en el estado de derecho; la divergência entre validez y vigencia producida por los desniveles de normas y um cierto grado irreductible de ilegitimidad jurídica de las actividades normativas de nivel inferior; la distinción entre punto de vista externo (o ético-político) y punto de vista interno (o jurídico) y la correspondiente divergência entre justicia y validez; la autonomía y la precedencia del primero y un cierto grado irreductible de ilegitimidad política de las instituciones vigentes con respecto a él".[163]

---

[163] FERRAJOLI, Luigi. *Derecho y razón,* p. 854. "Delineiam, efetivamente, os elementos de uma teoria geral do garantismo: o caráter vinculado do poder público no estado de direito; a divergência entre validade e vigência produzida pelos desníveis de normas e um certo grau irredutível de ilegitimidade jurídica das atividades normativas de nível inferior; a distinção entre ponto de vista externo (ou ético-político) e ponto de vista interno (ou jurídico) e a correspondente divergência entre justiça e validade; a autonomia e a precedência do primeiro e um certo grau irredutível de ilegitimidade política das instituições vigentes com respeito a ele." Tradução da autora.

Observe-se que de nada nos serve um ordenamento que prevê em sua forma legislativa máxima, de forma expressa, os direitos fundamentais, se a sociedade não tiver mecanismos capazes de dar efetividade a tais direitos. O sistema garantista visa, justamente, a buscar essa efetividade, através da diminuição da discricionariedade e controle de arbitrariedades estatais, além da maximização dos direitos fundamentais.

Buscando harmonizar a relação entre seus tutelados, o Estado, por sua vez, utiliza-se do Direito Penal como forma de prevenção e retribuição ao sujeito responsável pelo ilícito penal. Nesta idéia, o pensamento garantista de Ferrajoli coloca dois aspectos, de limite mínimo e máximo da pena. O limite mínimo se dá enquanto prevenção geral dos delitos, sendo que o limite máximo se dá pela prevenção de penas arbitrárias ou desproporcionadas, como as vinganças e abuso de poder.

E é sobre essas possíveis arbitrariedades, e ocorrentes, que incide a preocupação também com um processo penal garantista, que tem por escopo dar efetividade às garantias do indivíduo dentro do ordenamento jurídico-penal.

De acordo com Ferrajoli, o que diferencia o processo do ato de se fazer a justiça pelas próprias mãos ou outros métodos bárbaros de justiça sumária é o fato de que este persegue, em coerência com a *dupla função preventiva do direito penal*, duas finalidades diversas: *o castigo dos culpados e, ao mesmo tempo, a tutela dos inocentes.*

"Es esta segunda preocupación lo que está en la base de todas las garantías procesales que lo circundan y que condicionan de distintas maneras las instancias represivas expresadas por la primera. La historia del proceso penal puede ser leída como la historia del conflicto entre ambas finalidades, lógicamente complementarias pero contrastantes en la práctica. Podemos, en efecto, caracterizar el método inquisitivo y el método acusatorio según el acento que el primero pone sobre una y que el segundo pone sobre la otra. Es obvio que ni el proceso inquisitivo desconoce la cuestión de la tutela del inocente, ni tampoco el acusatorio descuida el fin de la represión de los culpables."

"[...] Como hemos demostrado, esto depende de la relación de derivación y no sólo de delegación – nomoestática y no sólo nomodinámica – que la estructura normativa del estado de derecho moderno ha instaurado entre ley y juicio en materia penal: en la misma medida que el principio de estricta legalidad vincula las hipótesis legales de delito a la taxatividad y por tanto a su verificabilidad, el principio de estricta jurisdiccionalidad vincula el juicio penal a su verificación, en el sentido de 'correspondencia', aunque sea aproximativa, entre denotación jurisdicional y denotación legal. De ello se sigue la ya indicada connotación epistemológica de la validez en la jurisdicción penal: las sentencias penales son los únicos actos jurídicos cuya validez depende de su verdad. [...]"

"Los procedimientos de verificación aportados por la epistemología acusatoria o falacionista tienen, así, su fundamento en el método de la prueba y refutación – por 'modus ponens' y por 'modus tollens' – ya tratado en el apartado 10.6, cuya transposición procesal se realiza a través de la separación y el reparto de papeles entre los tres sujetos del proceso: la dos partes, acusación, y defensa, a quienes competen respectivamente la prueba y la refutación, y el juez tercero, al que corresponde la decisión. De este modo resulta una estructura triádica o triangular, normativamente asegurada por las tres garantías procesales antes enunciadas: la 'formulación de la imputación', con la que se formaliza la hipótesis acusatoria y se hace efectiva la contradicción ('nullum iudicium sine accusatione'); la 'carga de la prueba de tal hipótesis, que pesa sobre el acusador ('nulla accusatio sine probatione'); el 'derecho de defensa' atribuido al imputado ('nulla probatio sine defensione'). A estas tres garantías, que designan otras tantas actividades cognoscitivas y que por ello podemos llamar 'primarias' o epistemológicas, hay que añadir otras cuatro, no enunciadas de manera autónoma en SG porque aseguran la observancia de las primeras respecto de las cuales son, por decirlo así, de segundo nivel o 'secundarias': la 'publicidad', que permite el control interno y externo de toda la actividad procesal; la 'oralidad', que comporta la inmediación y la concentración de la instrucción probatoria: la 'legalidad' de los procedimientos, que exige que todas las actividades judiciales se desarrollen, bajo pena de nulidad, según un 'rito' legalmente preestablecido; la 'motivación', que para cerrar el sistema documenta y garantiza su carácter cognoscitivo, es decir, la fundamentación o falta de fundamentación de las hipótesis acusatorias formuladas a la luz de las pruebas y contrapruebas."

"Por otra parte, en el modelo garantista se invierte la idea de que el fin de la verdad justifica cualquier medio, de modo que es únicamente la naturaleza del medio lo que garantiza la obtención del fin. El interrogatorio, precisamente por hallarse encaminado a permitir la defensa del reo, debe estar sujeto a toda una serie de reglas de lealdad procesal: la prontitud o, en cualquier caso, su realización en un plazo raqzonable; la comunicación verbal no sólo de las acusaciones, sino también de todos los argumentos y los resultados de la instrucción que se opongan a las deducciones defensivas; la prohibición de preguntas sugestivas y la claridad y univocidad de las preguntas que se formulen; la prohibición de cualquier promesa o presión directa o indirecta sobre los imputados para inducirles al arrepentimiento o a la colaboración con la acusación; la redacción autógrafa del acta del interrogatorio por parte del interrogado en caso de proceso escrito y la grabación de sus declaraciones en el oral; la tolerancia con sus interrupciones o intemperancias; la obligación de 'seguir a las comprobaciones que el indagatoriado designe'; y, sobre todo, la libertad personal del imputado, que es lo único que garantiza la igualdad con la acusación, la serenidad de las declaraciones y la capacidad de autodefensa".[164]

---

[164] FERRAJOLI, Luigi. *Derecho y razón*, p. 604-608. "É esta segunda preocupação o que está na base de todas as garantias processuais que o circundam e que condicionam de distintas maneiras as instâncias repressivas expressadas pela primeira. A história do processo penal pode ser lida como a história do conflito entre ambas finalidades, logicamente complementares porém contrastantes na prática. Podemos, efetivamente, caracterizar o método inquisitivo e o método acusatório segundo o acento que o primeiro põe sobre uma e que o segundo põe sobre a outra. É óbvio que nem o processo inquisitivo desconhece o fim da repressão dos culpados.
[...] Como demonstramos, isto depende da relação de derivação e não somente de delegação – nomoestática e não só nomodinâmica – que a estrutura normativa do estado de direito moderno instaurou entre lei e julgamento em matéria penal: na mesma medida que o princípio da estrita legalidade vincula as hipóteses legais de delito à taxatividade e portanto a sua verificabilidade, o princípio de estrita jurisdicionalidade vincula o juízo penal a sua verificação, no sentido de 'correspondência', ainda que seja aproximativa, entre denotação jurisdicional e denotação legal. Disso se segue a já indicada conotação epistemológica da validade na jurisdição penal: as sentenças penais são os únicos atos jurídicos cuja validade depende de sua verdade. [...]
Os procedimentos de verificação aportados pela epistemologia acusatória ou falacionista têm, assim, seu fundamento no método da prova e refutação - por 'modus ponens' e por 'modus tollens' – já tratado no capítulo 10.6, cuja transposição processual se realiza através da separação e a repartição de papéis entre os três sujeitos do processo: as duas partes, acusação e defesa, a quem competem respectivamente a prova e a refutação, e o juiz terceiro, ao qual corresponde a decisão. Deste modo, resulta uma estrutura triádica ou triangular, normativamente assegurada pelas três garantias processuais antes enunciadas: a 'formulação da imputação', com a que se formaliza a hipótese acusatória e se faz efetiva a contradição ('nullum iudicium sine accusatione'); a 'carga da prova de tal hipótese, que pesa sobre o acusador ('nulla acusatio sine probatione'); o 'direito de defesa' atribuído ao imputado ('nulla probatio sine defensione'). A estas três garantias, que designam outras tantas atividades cognoscitivas e que por isso podemos chamar 'primárias' ou epistemológicas, há que adir outras quatro, não enunciadas de maneira autônoma em SG porque asseguram a observância das primeiras a respeito das quais são, por assim dizer-lo, de segundo nível ou 'secundárias': a 'publicidade', que permite o controle interno e externo de toda a atividade processual; a 'oralidade', que comporta a imediação e a concentração da

É de se ressaltar que o processo penal sempre teve seu papel mitigado pelo entendimento de ser um mero instrumento de realização do objeto máximo do direito penal, qual seja, a sanção penal, através da aplicação de uma pena à determinada conduta, tida então como ilícita.

Separando o Direito da Moral, e dissociando a imagem do injusto como um pecado, vemos a necessidade de uma reestruturação no sistema processual penal, a fim de que se busque uma verdadeira proporcionalidade entre o ilícito e a pena a ele cominada, levando em consideração outros aspectos senão o nexo de causalidade entre o fato típico, antijurídico e culpável e o seu causador; aspectos como as particularidades de uma sociedade multifacetada e um sistema legislativo discricionário.

Ante a não-observação de princípios basilares, previstos constitucionalmente como são as garantias ao devido processo legal, com o seu devido tempo e toda a forma de defesa possível e razoável, admitindo-se o princípio da igualdade como uma busca da paridade de armas de acusação e defesa, torna-se ineficaz a criação de novas fórmulas que visem apenas a acelerar o procedimento ou evitá-lo, através de "barganhas" judiciais e extrajudiciais, sendo impossível dar-lhes validade no momento em que estão afrontando a Constituição.

Repensar o processo de sumarização no/do processo penal e, enfim, a impossibilidade de uma teoria única do processo, é tarefa árdua, que deve ser feita diariamente, pois assim como a sociedade, o Judi-

---

instrução probatória: a 'legalidade' dos procedimentos, que exige que todas as atividades judiciais se desenvolvam, sob pena de nulidade, segundo um 'rito' legalmente preestabelecido; a 'motivação', que para fechar o sistema documenta e garantiza seu caráter cognoscitivo, é dizer, a fundamentação ou falta de fundamentação das hipóteses acusatórias formuladas à luz das provas e contraprovas.
De outro lado, no modelo garantista se inverte a idéia de que o fim da verdade justifica qualquer meio, de modo que é unicamente a natureza do meio o que garante a obtenção do fim. O interrogatório, precisamente por hallarse encaminhado a permitir a defesa do réu, deve estar sujeito a toda uma série de regras de lealdade processual: a prontidão ou, em qualquer caso, sua realização em um prazo razoável; a comunicação verbal não somente das acusações, senão também de todos os argumentos e os resultados da instrução que se oponham às deduções defensivas; a proibição de perguntas sugestivas e a clareza e univocidade das perguntas que se formulem; a proibição de qualquer promessa ou pressão direta ou indireta sobre os imputados para lhes induzir ao arrependimento ou à colaboração com a acusação; a redação assinada do ato do interrogatório por parte do interrogado em caso de processo escrito e a gravação de suas declarações no oral; a tolerância com suas interrupções ou imtemperâncias; a obrigação de 'seguir as comprovações que o indagado designa'; e, sobretudo, a liberdade pessoal do imputado, que é o único que garante a igualdade com a acusação, a serenidade das declarações e a capacidade de autodefesa." Tradução da autora.

ciário também não acompanha o tempo e suas (r)evoluções, e a questão que deve ser respondida para tal reflexão é a quem serve o direito processual penal.

O que vemos estampado em nosso meio social é que o Direito Penal assume diversas formas:

1) sob o ponto de vista do *Estado*, é forma de controle político e moral da sociedade, que usa o processo como instrumento de perfectibilização do mesmo, sendo cada acusação um "suspiro de alívio" à sociedade que se desencanta com o fruto de seus próprios males;

2) sob a ótica da *vítima*, temos explícita a vingança, impossível de ser exercida pela autotutela, porém levada à plena eficácia no momento em que se coloca o criminoso em frente a um Juiz, que representa o Estado, para julgá-lo;

3) em relação ao *réu/acusado*, temos no processo a única garantia de que serão respeitados os princípios acusados na Constituição e nos diplomas infraconstitucionais.

Este tipo de pensamento não se adequa com a teoria garantista, que busca, mais do que tudo, uma legitimação para o julgamento do caso penal, através do respeito das normas jurídicas à Constituição e aos postulados dos direitos fundamentais. E, mais do que isso, a preservação de um efetivo "Estado de Direito", não sendo apenas este Estado regulado por leis, mas sim um Estado que nasceu com as modernas Constituições.

Estado que se caracteriza, no plano formal, pelo princípio da legalidade, em virtude do qual todo poder público, seja ele legislativo, judicial e executivo, está subordinado às leis gerais e abstratas, que disciplinam suas formas de exercício e cuja observância se dá pelo controle de legitimidade por parte de juízes separados do mesmo e independentes. Já no plano substancial, pela funcionalização de todos os poderes do estado ao serviço da garantia dos direitos fundamentais dos cidadãos, mediante a incorporação limitativa em sua Constituição dos deveres públicos correspondentes, isto é, das proibições de lesar os direitos de liberdade e das obrigações de dar satisfação aos direitos sociais, assim como daqueles correlativos poderes dos cidadãos de ativar a tutela judicial.

A busca da celeridade do processo penal somente poderá ser admitida sob o prisma garantista no momento em que observar respeito a todos os direitos individuais, tutelados constitucionalmente (inclusive), porém nunca pela restrição dos mesmos, com abreviação de procedimentos que limitam a defesa e decisões judiciais *inaudita altera pars*, eliminando o contraditório.

Considerações finais

Vivenciamos uma época de aceleração das relações, sociais, econômicas e políticas, ao mesmo tempo em que visualizamos um Estado em crise, decorrente da gritante disparidade entre a demanda social e a resposta política.

A sua atuação, em dissonância com o que dele esperam os cidadãos. Nesta época de globalização e liberalismo econômico, os entes públicos são alvo das maiores críticas, pelo fato de que não funcionam a contento a serviço da coletividade, acabando, por fim, utilizando-se o Judiciário como tábua de salvação, e alvo, da mesma forma, de duras críticas, principalmente no que tange ao controle da criminalidade.

Os conflitos multiplicam-se na sociedade e, a cada instante, os cidadãos estão a clamar por justiça. Freqüentemente, os jornais se referem aos sem-terra, aos sem-teto, aos que reclamam por assistência médica, por educação, por emprego; tais conflitos, de origem geral, precisam ser solucionados, mas a sua justa solução pressupõe sempre a opção por valores que, num determinado momento, devem prevalecer.

O Judiciário é intensamente criticado e, muitas vezes, de forma injusta, dele se exigindo uma justiça que não pode praticar. É preciso, assim, repensar o Judiciário, objetivando a adoção de providências no sentido da efetividade dos direitos e da cidadania, na certeza de que justiça lenta e à qual tem acesso apenas parte da população é injusta. E, no desempenho dessa tarefa, impõe considerar não apenas, como até aqui tem acontecido, os operadores jurídicos, mas especialmente a quem se destina essa justiça. Não se pode olvidar que, no regime democrático, a atuação precípua do Estado, mediante os seus órgãos, há de visar sempre à afirmação da cidadania. De nada adianta conferirem-se direitos aos cidadãos, se não lhes são dados meios eficazes para a concretização desses direitos.

Almeja-se, enfim, a efetividade do processo, através da abertura da ordem processual aos menos favorecidos e à defesa dos direitos e interesses supraindividuais. Buscando-se um processo de resultados, não é possível, entretanto, buscar tal efetividade simplesmente pela aceleração dos procedimentos, em um processo de sumarização do processo.

A preocupação que se deve ter presente é a de afastar o "sentimento de deslegitimação por parte da maioria da população" com que depara o Poder Judiciário. É preciso dar meios aos excluídos e aos pobres para que deixem de recorrer a outros canais de mediação, como a polícia, o padre, o líder comunitário e o justiceiro. Ou seja, cumpre dar condições a toda a população para assegurar de fato a sua cidadania.

Por outro lado, a expansão da função legislativa e o crescente volume de legislação, além de sobrecarregarem os parlamentos, ensejaram a edição de leis ambíguas e vagas, deixando delicadas escolhas políticas à fase da sua interpretação e aplicação. Ao aplicar as leis pertinentes, o juiz não pode proceder de maneira estática, mas tendo presente a finalidade social da lei à vista dos programas prescritos de maneira vaga pelas referidas normas.

Ao proibir a autotutela, e punindo como crime fazer justiça pelas próprias mãos, o Estado assumiu o compromisso de solucionar, de forma adequada, efetiva e em tempo hábil, os litígios ou lides que ocorrem no seio da sociedade. O processo, mediante o qual atua a sua função jurisdicional, deve ensejar resultado semelhante ao que se verificaria se a ação privada não estivesse proibida.[165]

A Convenção Européia para Proteção dos Direitos Humanos e Liberdades Fundamentais estabeleceu, no seu art. 6º, § 1º, que a Justiça que não cumpre suas funções dentro de "um prazo razoável" é, para muitas pessoas, uma justiça inacessível.[166]

Nessa perspectiva, sentimos que, em inexistindo uma tutela adequada a determinada situação conflitiva, temos na verdade a negação da própria tutela, à qual o Estado se obrigou. Surge a necessidade de tutelas rápidas e imediatas para solucionar tais conflitos.

---

[165] MOREIRA, José Carlos Barbosa. *Tutela sancionatória e tutela preventiva, in Temas de Direito Processual* (segunda série). São Paulo: Saraiva, 1980, p. 21. Luiz Guilherme Marinoni, *A Efetividade do Processo e Tutela de Urgência,* Sergio Antonio Fabris Editora, 1994, p. 12.
[166] CAPPELLETI, Mauro e GARTH, Bryant. *Acesso à Justiça,* Sergio Antonio Fabris Editora, 1988, p. 2021, tradução de Ellen Gracie Northfleet.

Ora, em época de avanços tecnológicos e de aceleração das relações sociais, nada mais lógico do que uma cobrança da própria sociedade de uma agilização dos procedimentos e uma resposta mais rápida às demandas por parte da Justiça, que é nada mais do que próprio Estado, que atua através da jurisdição.

Assim, em uma época de teorias gerais, que aglutinam em um mesmo suporte teórico conceitos, funções e objetos distintos, acabamos muitas vezes por nos perder ante as imposições doutrinárias, e nos deixar levar pelo comodismo da unificação dos conceitos.

Na presente obra, foi abordado o tema da impossibilidade de se falar em uma teoria unitária do processo, tendo como enfoque a sumarização no/do processo penal. O estudo deu-se sob três aspectos: primeiramente, tratando da impossibilidade de se perfectibilizar o que ousamos chamar de "sonho carneluttiano". O distanciamento que existe entre o processo civil e o processo penal visualiza-se claramente quando examinado o conceito de lide, ação e relação jurídica, institutos e provas nos dois processos.

Muito embora se defenda que a idéia de uma teoria geral do processo não leva, consigo, necessariamente a identidade de seus distintos ramos, somos contrários à tese de que a unificação dos processos em uma teoria única seja uma resposta às demandas sociais, em um tempo mais acelerado (mas ainda mais lento que o das transformações sociais), pelo que pregamos justamente o contrário: somente uma autonomia no tratamento dos diferentes ramos do processo é que vai permitir ao sistema comportar tais transformações com maior rapidez e adequar-se a elas de forma eficaz, preservando-se, sempre, o ideário garantista que, muito embora pouco se ocupe do processo civil, é fundamental para comportar o processo penal no Estado Democrático de Direito.

Em um segundo ponto, procuramos comparar os institutos, à vista da urgência de provimentos cautelares, examinando os diversos tipos de tutelas de urgência, tecendo uma transparente crítica não só contra a (im) posição de uma teoria geral do processo, senão contra o mimetismo civilístico.

Por evidente, e isso a história comprova, que os institutos e os conceitos do processo civil estão muito mais bem esclarecidos e trabalhados do que os do processo penal, e há uma verdadeira tentação em simplesmente apoiar-se em tais institutos, aplicando-os por adequação na seara penal. A isto, porém, devemos resistir, bem como preservar no processo penal a sua fonte primária, que é o direito penal.

O fecho do trabalho se dá pela análise da sumarização do processo penal, e um estudo das medidas cautelares de aplicação no processo penal, tendo por base um projeto de sistema processual garantista, não nos limitando à crítica ao projeto de reforma do CPP, que tenta, mais uma vez, uniformizar (colocar na mesma fôrma/forma) os processos, na busca de uma meta de teoria una do processo, mas também analisando as demais formas de sumarização do processo, como é o caso dos Juizados Especiais Criminais e o "mito" do aspecto totalmente favorável à pessoa do acusado da suspensão condicional do processo.

Celeridade, efetividade, cognição são temas interligados e que impõem uma atenção mormente quando se trata de processo penal. Vimos, no decorrer do trabalho, os avanços da técnica de sumarização no processo civil e a importância das tutelas de urgência, nela incluídas as cautelares e as antecipações de tutela, como elementos de efetividade processual com proteção de interesse das partes.

Por outro lado, a configuração da urgência no processo penal tem tido como escopo a proteção da sociedade e não a garantia do acusado. A verossimilhança e a probabilidade são elementos que substituem, no processo civil, a visão da certeza da decisão final, admitindo-se, assim, sentenças liminares. A celeridade e a rápida efetividade das decisões são o escopo que se busca na área cível.

No processo penal, o equívoco se dá porque o que é avanço no processo civil, pode ser considerado um retrocesso no penal. Ou seja, qualquer antecipação de pena, mesmo quando maquiada como "acautelatória" pode representar uma afronta ao direito de liberdade, ao princípio da presunção de inocência.

Por outro lado, o consenso e a transação no cível são meios de abreviar a contenda e alcançar a paz social. É a proposta que se apresenta viável para uma convivência pacífica.

No processo penal a transação representa uma minimização do esforço do Estado na aplicação da lei penal a delitos de potencial ofensivo de menor grau. Temos uma resposta desejada pela sociedade e pelo Estado. Porém, não para o próprio acusado a quem é subtraída a possibilidade de ver declarada a ocorrência ou não do delito a ele imputado.

O direito e o processo devem ser aderentes à realidade, de sorte que as normas jurídico-materiais que regem essas relações devem propiciar uma disciplina que responda adequadamente a esse ritmo de vida, criando os mecanismos de segurança e de proteção que reajam com agilidade e eficiência às agressões ou ameaças de ofensa. E, no *plano processual*, os direitos e pretensões materiais devem encontrar uma tutela rápida, adequada e ajustada ao mesmo compasso.

Por certo, não se pode falar em falência do processo comum de cognição plena e exauriente, pois é este o modelo que possibilita a solução dos conflitos de interesses de maneira mais segura tanto no cível como no crime, observadas suas especificidades.

A *cognição sumária*, por outro lado, tem sua relevância por ser uma técnica de cognição que possibilita procedimentos ágeis, ajustados ao ritmo acelerado de nosso tempo; esta, porém, porém deve estar em consonância não somente com a realidade sócio-jurídica, mas com as características diferenciadas do processo civil e penal.

De todo o exposto, podemos assinalar algumas conclusões: Primeiramente, apontamos que o avanço do cível é um retrocesso na área processual penal na medida em que a tendência desjudicializadora e desformalizadora do processo penal, com a introdução de institutos como da transação e da composição penal rompem a garantia constitucional do contraditório, da ampla defesa enquanto o incremento de medidas acautelatórias de caráter repressivo afronta o princípio da presunção de inocência.

Concluímos que falar em "uma" teoria geral do processo é deixar-se trair pela "generalização" do direito, no falso entendimento de que utilizar os institutos do processo civil no processo penal é forma de agilização na solução de conflitos.

Concluímos, ainda, que não podemos apenas fechar os olhos ao que nos é (im) posto, e que, como operadores do direito, nossa função é de (re) pensar o processo à vista das mudanças provocadas pelo tempo e pela sociedade.

E concluímos, por fim, que não estamos dando por encerrada a discussão sobre o tema, mas apenas procurando clareiras no tortuoso caminho da hermenêutica processual, com a audaciosa pretensão de, quiçá, modificar o entendimento sobre o processo, não apenas como instrumento de composição da lide, mas forma de garantia do cidadão contra os arbítrios do Estado.

Referências bibliográficas

ANDREUCCI, Ricardo Antunes. *Direito penal e criação judicial.* São Paulo: Revista dos Tribunais, 1989. 103p.

AZEVEDO, David Teixeira. *Atualidades no direito e processo penal.* São Paulo: Editora Método, 2001. 215p.

BAETHGEN, Walter Eduardo. "Contra uma idéia de uma teoria geral do processo". *Revista da Consultoria Geral do Estado do Rio Grande do Sul*, n° 19, v. 7, 1977, p. 35-70.

BARROS, Romeu Pires de Campos. *Processo penal cautelar.* Rio de Janeiro: Forense, 1982.

BAUMANN, Jurgen. *Derecho procesal conceptos fundamentales y principios procesales: introducción sobre la base de casos.* Buenos Aires: De Palma, 1989. 299 p.

BACRE, Aldo. *Teoria General del Proceso.* Buenos Aires: Abeledo- Perrot, 1986 , t. I.

BECCARIA, Cesare. *Dos delitos e das penas.* Traduzido por Flório de Angelis. São Paulo: EDIPRO, 2000. 120 p.

BIZZOTO, Alexandre e RODRIGUES, Andréia de Brito. *Processo penal garantista. Visão constitucional e novas tendências.* Goiânia: AB Editora, 1998.

BOBBIO, Norberto. *Thomas Hobbes.* 6ª tiragem. Rio de Janeiro: Campus, 1991. 202p.

CALAMANDREI, Piero. *Verdad y verosimilitud de en el proceso civil. Estúdios sobre el proceso civil.* Tradução de Sentis Melendo. Buenos Aires: EJEA, 1962.

CAPPELLETTI, Mauro e BRYANT, Garth. *Acesso à Justiça.* Tradução de Ellen Gracie Northfleet. Porto Alegre: Fabris, 1988

CARNEIRO, Athos Gusmão. *Jurisdição e competência.* 11. ed., São Paulo: Saraiva, 2001.

CARNELUTTI, Francesco. *Cuestiones sobre el proceso penal.* Tradução de Santiago Sentis Melendo. Buenos Aires, 1961.

——. *Lecciones sobre el proceso penal.* Tradução de Santiago Sentis Melendo. Buenos Aires: Bosch y Cia. Editores, 1950, v. 1.

CARVALHO, Amilton Bueno de e CARVALHO, Salo de. *Aplicação da pena e garantismo.* Rio de Janeiro: Lumen Juris, 2000. 161 p.

CARVALHO, Luiz Gustavo Grandinetti Castanho de. "Princípios constitucionais do processo penal", *Revista Ciência Jurídica*, vol. 73 – jan/fev 97, p. 19-29.

CARVALHO, Márcia Dometila Lima de. *Fundamentação constitucional do direito penal*. Porto Alegre: Sérgio Fabris Editor, 1992. 172 p.

CARVALHO, Salo de. *Pena e garantias: uma leitura do garantismo de Luigi Ferrajoli no Brasil*. Rio de Janeiro: Lúmen Juris, 2001.

——. "As reformas parciais no processo penal brasileiro: crítica aos projetos de informatização dos procedimentos e privatização dos conflitos" *Anuário do programa de pós-graduação em direito, mestrado e doutorado* - UNISINOS, 2001, p. 303-344.

CHIMENTI, Francesco. *O processo penal e a verdade material (Teoria da prova)*. Rio de Janeiro: Forense, 1995. 211 p.

CINTRA, Antonio Carlos de Araújo, GRINOVER, Ada Pellegrini e DINAMARCO, Cândido Rangel. *Teoria geral do processo*. 17. ed., São Paulo: Mercúrio, 2001.

CLÉVE, Clémerson Merlin. *Lições de direito alternativo*, 1991, p. 119.

CHOUKR, Fauzi Hassan. *Garantias constitucionais na investigação criminal*. 2. ed., Rio de Janeiro: Lumen Juris, 2001. 313p.

——. *Processo penal à luz da Constituição*. Temas escolhidos. São Paulo: Edipro, 1999. 208p.

——. *Processo penal de emergência*. Rio de Janeiro: Lumen Juris, 2002. p. 242.

CORDON MORENO, Faustino. *Las garantías constitucionales del proceso penal*. Elcano: Arazandi, 1999. 214 p.

CORRÊA, Plínio de Oliveira. "Teoria da justa causa – análise do sistema processual penal brasileiro com vista à ordem jurídica dos países da América Latina", *Revista da Ajuris*, n. 70, Ano XXIV – julho/1997, p. 266-280.

CORREIA, Marcus Orione Gonçalves. *Teoria Geral do Processo*. São Paulo: Saraiva, 1999.

COULON, Jean-Marie e FRISON-ROCHE, Marie-Anne (Direção). *Le temps dans la procédure*. Dalloz: Paris, 1996.

COUTINHO, Jacinto Nelson de Miranda. *A lide e o conteúdo do processo penal*. 3ª tiragem, Curitiba: Juruá, 1998.

——. "A natureza cautelar da decisão de arquivamento do inquérito policial." *Revista de processo*. São Paulo: Revista dos Tribunais, 1993, n. 70.

—— (Coord.) *Crítica à teoria geral do direito processual penal*, Rio de Janeiro: Renovar, 2001.

DINAMARCO, Cândido Rangel. "Tutela Jurisdicional". *Revista de Processo,* nº 81, jan./mar.1996.

DINIZ, Maria Helena. *Dicionário Jurídico*. São Paulo: Saraiva, 1998. 4.v.

ECHANDÍA, Hernando Devis. *Teoria General del Proceso* Buenos Aires: Editorial Universidad, 1997.

FERRAJOLI, Luigi. *Derecho y razón. Teoría del garantismo penal*. Tradução espanhola de Perfecto Andrés Ibáñez e outros. Madri: Trotta, 1995. 991 p.

——. *Derechos y garantías*. Tradução espanhola de Perfecto Andrés Ibáñez e outros. Madri: Trotta, 1999.

FUX, Luiz. *Tutela de segurança e tutela de evidência (Fundamentos da tutela antecipada)*. São Paulo: Saraiva, 1996. 392p.

GOMES, Luiz Flávio. *Suspensão condicional do processo penal*. São Paulo: RT, 1995.

GRINOVER, GOMES FILHO e FERNANDES. *Recursos no processo penal.* 3. ed., São Paulo: Revista dos Tribunais, 2001. 455p.

GUILLÉN, Victor Fairen. *El juicio ordinário y los plenários rápidos. (*Los defectos em la recepción Del Derecho Procesal común; sus causas y consecuencias em doctrina y legislación actuales). Barcelona: Bosch, Casa Editorial, 1953.

HASSEMER, Winfried. *Fundamentos del derecho penal.* Tradução de Francisco Muñoz Conde e Luis Arroyo Zapatero, Barcelona: Bosch, Casa Editorial, 1984.

JARDIM, Afrânio. *Direito processual penal* . 10. ed., Rio de Janeiro: Forense, 2001.

KARAM, Maria Lúcia. *De crimes, penas e fantasias.* 2.ed., Rio de Janeiro: Luam, 1993.

LEITE, Luciano Marques. "O conceito de 'lide' no processo penal – um tema de teoria geral do processo." *Justitia*, vol. 70, 3ª trimestre de 1970, p. 181-195.

LEONE, Mauro. *Il tempo nel diritto penale sostantivo e processuale.* Napoli: Casa Editrice Jovene, 1974.

LOCKE, John. *Dois tratados sobre o Governo.* Tradução de Julio Fischer. São Paulo: Martins Fontes, 1998. (Clássicos).

___. *Ensaio acerca do entendimento humano.* Tradução de Anoar Aiex. São Paulo: Nova Cultural, 1997.

LOPES JR., Aury. *Sistemas de Investigação preliminar no processo penal.* Rio de Janeiro: Lúmen Júris, 2001.

LUHMANN, Niklas. "A posição dos tribunais no sistema jurídico." Tradução de Peter Naumann. *Revista da Ajuris*, n. 49, Porto Alegre: jul/1990, p. 149-168.

——. *Sociologia do Direito I.* Tradução de Gustavo Bayer. Rio de Janeiro: Edições Tempo Brasileiro, 1983. 252 p.

——. *Sociologia do Direito II.* Tradução de Gustavo Bayer. Rio de Janeiro: Edições Tempo Brasileiro, 1985. 212 p.

MARINONI, Luiz Guilherme. *Tutela inibitória (individual e coletiva).* 2. ed., São Paulo: Revista dos Tribunais, 2000. 477p.

——; ARENHART, Sérgio Cruz. *Manual do processo de conhecimento* – a tutela jurisdicional através do processo de conhecimento. São Paulo: Revista dos Tribunais, 2001.

MARQUES, José Frederico. *Elementos de direito processual penal* São Paulo: Forense, 1966, v. 1.

——. *Estudos de Direito Processual Penal.* 2.ed., Campinas: Millennium Editora, 2001.

MEDEIROS, Osmar Fernando de. *Devido processo legal e indevido processo penal*: Constituição versus burocratização no processo. Curitiba: Juruá, 2000. 309 p.

MITTERMAIER, C.J.A. *Tratado de prova em matéria criminal.* Tradução da terceira edição – 1848, 2ª Tiragem, Bookseller, 1997.

MOREIRA, José Carlos Barbosa. "Tutela sancionatória e tutela preventiva". *Temas de Direito Processual.* (2. série). São Paulo: Saraiva, 1980.

OLIVEIRA, Eduardo Ribeiro de. "Notas sobre o conceito de lide". *Revista de Processo*, nº 34, abr./jun. 1984, p. 85-95.

OST, François e HOECKE, Mark Van (Direção). *Temps et droit. Le droit a-t-il pour vocation de durer? – Time and law. Is it the nature of law to last?* Bruylant, Bruxelas, 1998.

PADOVANI, Tulio. "Il crepuscolo della legalità nel processo penale – Riflessioni antistoriche sulle dimensioni processuali della legalità penale." *L'Indice Penale*, n. 2, Verona, CEDAM, maio/ago. 1999. p. 527-543.

PAULA, Jônatas Luiz Moreira de. *Teoria Geral do Processo*. 2. ed., São Paulo: Editora de Direito, 2000.

PINTO, Cristiano Paixão Araújo. *Modernidade, tempo e direito*. Belo Horizonte: Del Rey, 2002.

PRADO, Geraldo. *Sistema acusatório: a conformidade constitucional das leis processuais penais*. Rio de Janeiro: Lumen Juris, 1999.

RAMOS, João Gualberto Garcez. *A tutela de urgência no processo penal brasileiro. Doutrina e jurisprudência*. Belo Horizonte: Del Rey. 600 p.

RANGEL, Paulo. *Direito processual penal*. 5. ed., Rio de Janeiro: Lumen Juris, 2001. 727p.

ROXIN, Claus. *Politica criminal y sistema del derecho penal*. Tradução de Francisco Muñoz Conde. Barcelona: Bosch, 1972.

——. *Problemas fundamentais de direito penal*. Tradução de Ana Paula dos Santos Luís Natscheradetz, Lisboa: Veja, 1986.

SÁNCHEZ, Alberto Suárez. *El Debido proceso penal*. Colômbia: Universidad Externado de Colômbia, 1998.

SHECAIRA, Sérgio Salomão e CORRÊA JÚNIOR, Alceu. *Pena e Constituição – aspectos relevantes para sua aplicação e execução*. São Paulo: Revista dos Tribunais, 1995. 198 p.

SILVA, Ovídio Baptista da. *Da sentença liminar à nulidade da sentença*. Rio de Janeiro: Forense, 2001.

——. *Jurisdição e execução*. 2. ed., São Paulo: Revista dos Tribunais, 1997.

——; GOMES, Fábio Luiz. *Teoria geral do processo civil*, 2. ed., São Paulo: RT, 2000.

SOARES, Fernando Luso. *O processo penal como jurisdição voluntária*. Coimbra: Livraria Almedina, 1981.

STEIN, Ernildo. *Aproximações hermenêuticas*. Porto Alegre: EDIPUCRS, 1996.

STRECK, Lenio Luiz. *Hermenêutica jurídica e(m) crise: uma exploração hermenêutica da construção do direito*. Porto Alegre: Livraria do Advogado, 1999.

TAVARES, Juarez. *Teoria do injusto penal*. Belo Horizonte: Del Rey, 2000. 335 p.

TUCCI, José Rogério Cruz e. *Tempo e processo – uma análise empírica das repercussões do tempo na fenomenologia processual (civil e penal)*. São Paulo: Revista dos Tribunais, 1998.

TUCCI, Rogério Lauria. "Devido processo penal e atuação dos sujeitos parciais". *Revista de Processo*, nº 69, jan./mar. 1993, ano 18, p. 91-104.

——. *Direitos e garantias individuais no processo penal brasileiro*. São Paulo: Saraiva, 1993. 501 p.

——. *Jurisdição, Ação e Processo Penal*. Belém: CEJUP, 1984.

VARGAS, José Cirilo de. *Processo penal e direitos fundamentais*. Belo Horizonte: Del Rey, 1992. 328 p.

VIDIGAL, Luis Eulálio de Bueno. "Por que unificar o direito processual?" *Revista de Processo*, n° 27, jul./set. 1982, p. 40-48.

WAMBIER, Teresa Arruda Alvim (Coord.) *Aspectos polêmicos da antecipação de tutela* São Paulo: Revista dos Tribunais, 1997.

WATANABE, Kazuo. *Da cognição no processo civil*. 2. ed., CEBEPJ, 1999.

ZAFFARONI, Eugenio Raul. *Em busca das penas perdidas*: a perda de legitimidade do sistema penal. 2. ed., Rio de Janeiro: Revan, 1996. 281 p.

Impressão:
Editora Evangraf
Rua Waldomiro Schapke,77 - P. Alegre, RS
Fone: (51) 3336-2466 - Fax: (51) 3336-0422
E-mail: evangraf@terra.com.br